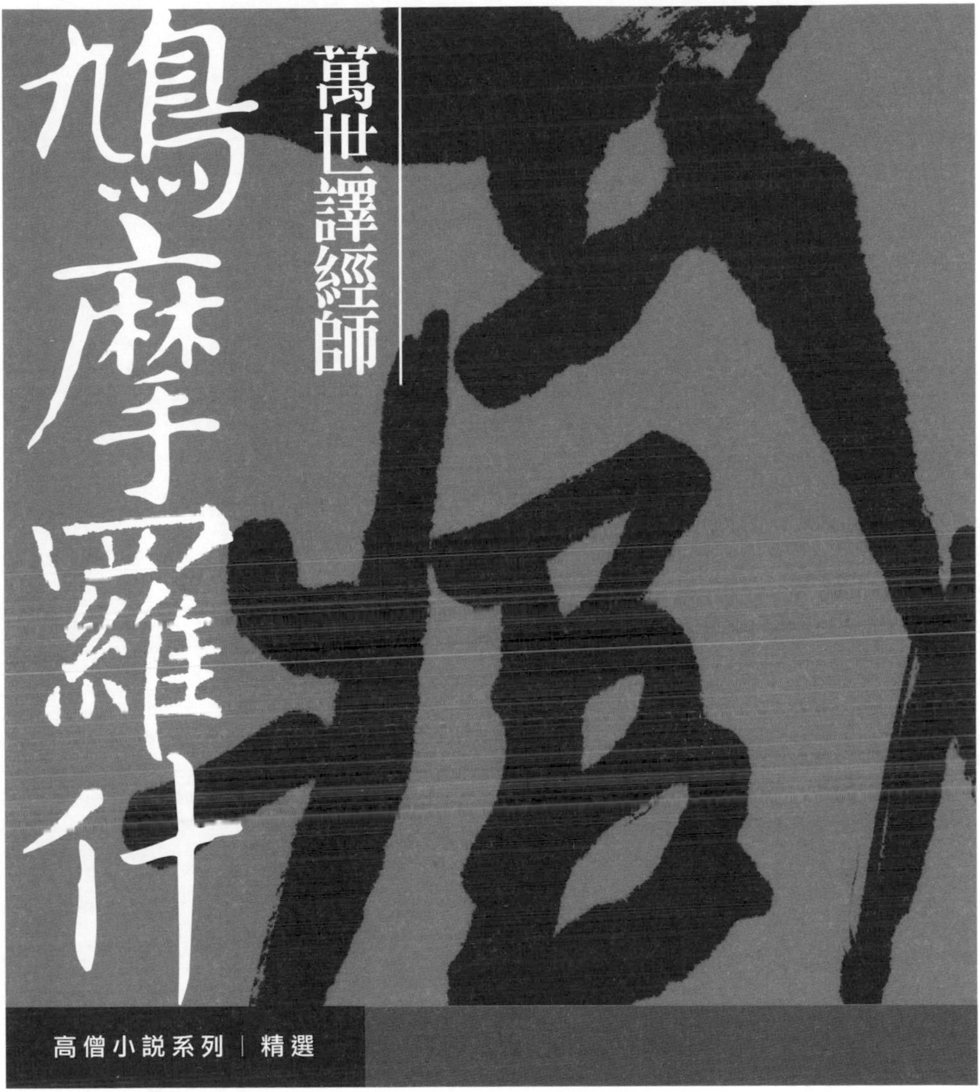

徐潔 著◆劉建志 繪

智慧與慈悲的分享

聖嚴法師

小說，是通過文學的筆觸，以說故事的方式，表現人性之美，所以稱爲文藝作品。它可以是寫實的，也可以是虛構的，但它必定是與人心相應，才會獲得讀者的喜愛與共鳴。

高僧的傳記，是眞有其人、實有其事的眞實故事，也是通過文字的技巧，以敍述介紹的方式，將高僧的行誼，呈現在讀者的眼前，也是屬於文學類的作品，只是缺少小說那樣戲劇性的氣氛。

高僧的傳記，以現代人白話文體，加上小說的表現手法，那就顯得特別生動而富於趣味化了。我從小喜歡文學作品的原因，是佩服它有高度的說服力，並且能使讀者印象深刻，歷久不忘，並且認爲高深的佛法，經過文學的表現，就能普及民間，深入民心，達成化世導俗的效果。我們發現諸多佛經的體裁，是用小品散文、長短篇小說，以及長短篇的詩偈寫成的。

近代已有人用白話文翻譯佛經，也有人以語體文重寫高僧傳記，但尚未有人以小說及童話的方式來重寫高僧傳記。故在《大藏經》中雖藏有極豐富的歷代高僧傳記資料，市面上卻很難見到。我們的法鼓文化事業股份有限公司，爲了使得故典的原文很容易地被現代的讀者接受，尤其容易讓青少年們喜愛，而從高僧傳記之中，分享到他們的智慧及慈悲，所以經過兩年多的策畫運作，推出一套「高僧小說系列」的叢書，選出四十位高僧的傳記，邀請到當代老、中、青三代的兒童文學作家群，根據史傳資料，用他們的生花妙筆、豐富的感情、敏銳的想像，加上電影蒙太奇的剪接技巧，以現代小說的形式，生動活潑地呈現到讀者的面前。這使得歷史上的高僧群，都回到我們現代人的生活中來，陪伴著我們，給我們智慧，給我們安慰，給我們健康，給我們平安。

這套叢書的主要對象是青少年，但它是屬於一切人的，是超越於年齡層次的佛教讀物。

我要在此感謝參與這套叢書編寫出版的全體工作人員，包括編者、作者、畫家、審核者、校對者、發行者，由於他們的努力，才能有這項成果奉獻在廣大的讀者之前。也請諸方先進和所有的讀者，多給我們鼓勵和指教。

一九九五年四月八日晨
序於台北法鼓山農禪寺

推薦序

人生要通往哪裡？

蔡志忠

「只有死掉的魚，才隨波逐流！」

人生是件簡單的事，是我們自己把它弄得很複雜的。

魚從來都不思考：

「水是什麼？

水爲何要流？

水爲何不流？」

這些無謂的問題。

魚只有一個最簡單的問題：

「我要不要游？
如何游？
游到哪裡？
游到那裡做什麼？」
人常自陷於無明的憂鬱深淵，無法跳脫出來。
人也常走進一條沒有出口的道路，
才發現原來這根本不是自己的人生之道。
兩千五百年前，佛陀原本也自陷於
人生的痛苦深淵……，經過六年的
修行思考，佛陀終於覺悟出：
「什麼是苦？
苦形成的次第過程？
如何消滅苦？
通往無苦的解脫自在之道。」

這也就是苦生、苦滅，一切因緣生的「三法印」、「緣起法」、「四聖諦」、「八正道」，所有攸關於人產生煩惱痛苦的原因和達到解脫、自在、清淨境界、彼岸之道的修行方法。

佛陀在世時，傳法四十五年，佛滅度後，佛陀的思想由他的弟子們傳承到後世，成爲今天的佛教。在佛教的發展過程中，留下了許多動人的高僧故事。

除了《景德傳燈錄》記載著所有禪宗各支歷代高僧學佛得道的故事之外，《大藏經》五十卷的〈高僧傳〉、〈續高僧傳〉裡也記載很多歷代大師傳記典故；此外，還有印度、西藏、日本等地大師的故事。通過閱讀過去大德諸賢的故事，可以讓我們對人生的迷惘問題得到啓發。

胡適說：

「宗教要傳播得遠，

佛理要說得明白清楚，

都不能不靠白話來推廣。」

這套高僧小說也繼承這使命，以小說的方式講述高僧的故事。讓讀者能透過這些歷代高僧的故事，得以啓發人生大道。相信做爲一個中華民族的後代，身在儒、釋、道思想的傳統文化背景下，如能透過高僧小說多了解佛教思想，對自己未來人生之路的導引和思考，必定能獲得很大的益助。

學習大師的智慧

過去，每當聽到作者說「寫作的過程中，收穫最大的是自己」這樣的話，內心常稚氣地以爲，那只是客氣話罷了。直到完成這本書，同時是高僧小說編輯的我，這才眞正明白了爲什麼每一個作者寫完一本高僧小說，都會要求再寫一本；而對於那幾位一連寫了數本高僧小說的作者，我更是由衷地敬佩。

原來，完成一部小說，尤其是傳記，是需要克服那麼多的困難。找資料、閱讀、構思等基本工夫就不用提了，從生理到心理的各種問題，小從頭痛、睡眠不足、惰性，大到生活忙碌、外務纏身、精神耗竭等，都會造成文思枯竭的危機。

然而最難克服的，還是自己給的壓力，既擔心寫得不夠精彩深刻，減少了大師的光彩，又擔心處理不好爭議性的部分，造成讀者的誤解。擔心得太多，日子過得如履薄冰、步步為營，這種心情，相信每一個高僧小說的作者都能體會，正如我此刻體會得到他們當初的，或現在仍持續者的一種「煎熬」。

我眞心感謝法鼓文化給我這個成長磨鍊的機會，更感謝副總編輯果毅法師以無比的耐心爲我指點迷津。還有許多菩薩的關心，讓我在需要關懷的時候，總是能適時得到幫助，繼續往前衝。

直到現在，我仍深信收穫最多的是我自己，希望有一天能將這份心得與讀者分享，讓我們一起來學習大師的智慧吧！

佛學視窗

01

遠方來的人

龜茲國王白純出巡的隊伍，來到塔里木河畔便停下來。

由高山融雪匯流而成的塔里木河，及其大大小小的支流，緩緩流經沙漠，造就了無數的沃洲，將大地澆灌得欣欣向榮、農產富饒，更蘊育出豐富的草原及壯碩的馬、牛、羊。

馬兒們都低頭啜飲著河水，國王和侍從們卻不敢掉以輕心，個個引領翹首，頻望遠方，生怕一不留神，敵人的箭就會從草叢中射出來。

一陣風來，將河畔濃密的草原吹成陣陣波浪，躲在草叢中的野馬露出頭來仰天長嘯，容易受驚嚇的羚羊、小兔輕輕一躍而過，轉眼不見蹤影。

「國王，您聽……。」

國王及身邊眾臣，一個個表情嚴肅而凝重，伸長脖子望向遠方。

遠方再度傳來一聲淒厲的馬鳴，眾人一躍而上，紛紛縱馬向前，朝馬鳴聲處狂奔而去。

不一會兒，眾人圍成一圈停住了，近前一看，一匹馬倒在地上，嘴角流著大量的泡沫。國王下馬親自察看，原來是一個皮膚黝黑的年輕人，可能是在沙

漠中迷路了，整個人面如死灰。國王將水緩緩地倒入他的口中，過了一會兒，年輕人才逐漸醒轉。

「天……天竺國……鳩摩……炎，感謝……救命……之恩。」神智略微清醒的年輕人，虛弱地說著。

「別說話，別擔心，我們會照顧你的。」國王命人將鳩摩炎抱上馬，率眾奔回王城。

＊　＊　＊

熊熊烈火燃燒著，歡樂的氣氛從清晨起一直瀰漫到深夜。草原民族熱情洋溢的天性，在他們純熟的舞步中表現得淋漓盡致。

一群又一群的青年男女，從白天到黑夜，輪流地圍在宴會場中央舞蹈著，慶祝他們今年的豐收。好像永遠不會疲倦似的，他們賣力地歌唱、盡情地舞蹈，生命力盡情奔放於音樂與舞蹈中。

被救回一條命的鳩摩炎，住在龜茲國轉眼已經數星期。他的身體逐漸康復，精神也顯得愉快多了。龜茲人熱情好客，對待鳩摩炎像是自己人一樣，讓鳩摩炎漂泊的身心暫時安頓下來。尤其是國王，一聽說鳩摩炎是天竺的貴族之子，也就更加善待他，讓他有賓至如歸的感覺。

「好酒！」鳩摩炎一口乾盡國王的賜酒，豪氣地讚歎著。

「這是龜茲國最有名的薄桃酒，你若喜歡，只管到王宮的地窖去取。」國王慷慨地承諾著，繼而笑道：「壯士，本王救了你的時候，還不知道你是這麼赫赫有名的人物。直到那些經常往返西域與天竺的行商告訴我，我才知道。他們說，你家世代爲相，在天竺國是位高權重的貴族，這是眞的嗎？」國王直接地問著，眾人也都好奇地等著回答。

鳩摩炎聽了之後沒有答話，只是淡淡一笑。

「那些行商告訴我，你在天竺也是名重一時的宰相，這我就更不明白了，爲何你會辭相位出走，在這草原荒漠中流浪呢？」國王接著問。

鳩摩炎還是無所謂地笑笑。

要是換作別人，恐怕早就氣壞了，可是龜茲國王白純不但沒有生氣，反而對鳩摩炎更加欣賞。

「那些行商還說，你在天竺是著名的大德行之人，看你年紀輕輕的，能有這種聲望，眞是難得！」

「鳩摩炎不過是個浪蕩江湖的人，哪有什麼德行？國王過獎了。」

國王點點頭，道：「很好，眞正的德行不是用口說的，你很謙虛。」

也許是被大家看得不好意思，鳩摩炎用別的話題岔開。

「來到龜茲國以後，發現這兒物富民豐，百姓安樂，佛教信仰普遍風行，眞是一個難得的人間淨土。」

一聽到這話，國王開心又驕傲地道：「我國人民樂天知命，崇尚和平，不好戰爭。即使狩獵，也只是取生活所需，絕不逞欲濫捕。歷代先王盡心盡力地建寺起塔、培福修德，供養出家人，把龜茲國建造成一個眞正的佛國，只是……。」國王說到這兒，輕聲地嘆了口氣：「近來卻不太平靜，覬覦我國財富已久的鄰國，最近動作頻頻。這就是爲什麼那一天，我曾在巡行的旅途上，剛好救了你的原因……。」

鳩摩炎看著國王憂愁的表情，心中也有幾分感慨，沒想到世間的事都是如此，有圓必有缺，有盛必有衰，有歡樂必有憂愁。

「國王，容我請問一句，您打算如何面對敵人的挑戰？」

「我……說眞的，從本王出生以來，龜茲國一直是太平盛世，從沒有發生戰爭。即使是各族間的紛爭，也是輕易地就化解了，我……我……唉！我到現在才知道，治理一個國家眞是不容易。」

「其實也沒那麼難，只要把問題的癥結找出來，就很容易了。」

「喔？」國王一聽，精神爲之一振，問道：「怎麼說呢？」

「敵人來襲，不會沒有原因，龜茲國中一定有什麼東西，是他們想要而要不到的。所以，您只要知道到底他們要的是什麼，其他的事就不難解決。」

這個問題點醒了眾人，國王命歌舞暫停，大家都凝重地思索著，歡樂的氣氛轉眼消失無蹤。

國王的弟弟白震將軍，是第一個想到的。

「是鐵……王兄，他們要的是鐵。現在北方與東方戰事頻繁，極需兵器，而龜茲國地底下豐富的鐵砂，正是他們要掠奪的。」

「那該怎麼辦呢？」

「若是供應鐵砂給他們，恐怕有 天，咱們會吃虧；若是不給他們，又該如何阻止他們的掠奪？」白震毫無頭緒地說著。

「鳩摩炎，你看該怎麼辦呢？」國王著急地將目光轉向鳩摩炎。

「這……我想，最好的辦法，就是直接與敵國的人接觸，知道他們的想法。不過，政治是詭譎多變的，誰也沒有眞正的把握。」

一直專心聽鳩摩炎說話的國王，臉上突然浮起異樣的微笑，與白震交換了一個眼神。

「鳩摩炎，你眞是我龜茲國的救星，沒有你，我們眞不知該怎麼辦呢！」

「是啊！壯士，你何不留在我龜茲，爲我國效力？相信以你的智慧，一定可以大有作爲，以後的榮華富貴也少不了你。」將軍白震首先以利益誘惑他。

「鳩摩炎若是貪戀榮華富貴，當初就不會放棄相位，離開天竺。」

「就算看不上榮華富貴，也請看在龜茲國子民面上。壯士，全龜茲國目前就只有你的智慧，能幫他們化解危機，保住身家性命。」

「這……。」鳩摩炎沒有說好，也沒有說不好，只是沉默著，不再說話。

＊　＊　＊

自從那晚宴會以後，國王三天兩頭地來勸說，希望鳩摩炎留下來爲龜茲國效力。他不但說之以理、動之以情，還派出了很多說客，頻頻地來勸說。

這一天，難得沒有說客前來，鳩摩炎樂得一個人清靜，盤起腿來打坐。雙眼半閉著，專注地觀呼吸，當那氣流通過鼻腔時，微微的熱度，將自己長久以來的疲憊給解除了。

在沙漠中漂泊了一段日子，數度迷失方向，險些被毒蛇猛獸、惡鬼熱風所吞噬。

所幸這條命被龜茲王救回，漂泊的心靈頓時找到停泊的港灣，一種前所未

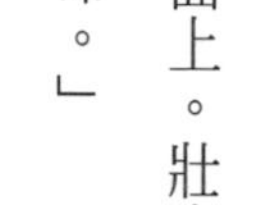

有的安定感，慢慢地從腳底向上延伸。

正在體驗禪悅之時，樓下卻傳來清脆的叫喚聲。鳩摩炎張開眼睛，細細一聽，原來國王的妹妹，白靈公主。這個公主，長得清秀動人、樂觀開朗，年齡二十幾了還未出閣。

聽說她相過無數的親，都沒有中意的對象，疼愛她的王兄拿她一點辦法都沒有。

「鳩摩炎，快下來，咱們去逛逛。」

白靈公主駕著馬車，載著鳩摩炎大街小巷地逛著。龜茲國大大小小的街道，都整齊潔淨、寬敞舒適。

兩旁的樓房不僅蓋得堅實，屋宇、窗櫺更裝飾著金玉欄杆，色彩亮麗，令人耳目一新。

街頭上，碧眼高鼻的男男女女，個個面貌姣好。男的穿著長衣，鑲有寶石的腰帶旁配著銳利的短劍，看起來英姿煥發。女的呢，百褶長裙款款生姿，身上的金玉珠飾，碰撞出清脆悅耳的響聲。

走著走著，漸漸地就到了人煙稀少的大草原了。

鳩摩炎環顧著蒼茫的大地，內心中有一種說不出的感動。高山頂峰的皚皚白雪，化成涓涓細流沿著山麓而下，無數的支流遍布大地，最後匯歸於一處，成爲蜿蜒數十里的大河。

「喝……！」公主勒緊繩索，馬匹往前狂奔而去。風在耳畔急竄，廣大的草原在鳩摩炎的眼前迅速後退，馬兒一直跑到一片綠油油的田野才停住。

鳩摩炎抬頭遠望，一片碧綠的稻田感動了他的眼睛。

「這裡原來是一片不毛之地，經過無數代的努力，才造就了這樣的成果。」白靈說。

「這眞是太神奇了，在荒漠沙地裡，竟能種出漢地的穀物。」

「我從小最愛看農夫種田，從整地、插秧、除草……看著幼小的稻苗一天天成長，那種喜悅，眞是任何事情也無法取代的。」白靈沉浸在美好的回憶中，輕輕地說著：「鳩摩炎，我知道你也不忍心看著這豐收的大地變成戰場，不是嗎？」

「原來，公主也是國王派來的說客。」鳩摩炎笑笑地說。

公主一聽，不再言語，調轉馬頭往城裡回去。沿途經過數不清的佛塔，她轉頭問道：「鳩摩炎，你相信因果嗎？」

鳩摩炎看了公主一眼，沒有回答。

兩個人沉默不語前進著，回到王城後，太陽正好下山，天色漸漸暗了。

02 幸福

當天晚上，鳩摩炎收拾好行囊，打算不告而別，沒想到走到城門時，公主的話卻突然浮現在腦海……。

「你相信因果嗎？」站在城門下，他忍不住反問自己：「我相信因果嗎？」

是啊！學佛修行了一輩子，從沒問過自己這個問題。如果眞的有因果，那麼被龜茲國王救起，與龜茲國結緣，又是怎樣的因？怎樣的果？

帶著這個懸而未決的疑問，自己眞的能一輩子心安嗎？

想到這兒，鳩摩炎又回到住處，將行囊放下。要怎麼抉擇呢？還是由老天來決定吧！

第二天一早，城外顯得熱絡非凡，鳩摩炎打聽了一下，才知道原來是雀梨寺的高僧要進城來講經。在信徒沿街的護送下，載著高僧的馬車緩緩進入皇宮。國王白純、將軍白震，眾嬪妃、女眷、公主、王子，紛紛站於宮門兩側迎接高僧的到來，卻獨獨不見白靈公主。

高僧說法完畢後，於說法台前，向大眾宣布了一件喜事：「各位大德，今

天我們除了聽經、領略法喜外，還有一件重要的事，就是爲公主與駙馬祈福……。」

「駙馬……誰是駙馬？」眾人都交頭接耳，議論紛紛。

「龜茲國的新駙馬，就是天竺國的壯士，鳩摩炎。」

鳩摩炎聽到這個消息，不知道該如何反應，只覺得一股寒意從腳底板涼到腦袋頂門兒。在他還搞不清楚怎麼回事的時候，排山倒海而來的道賀，已經將他淹沒了。

半推半就下，鳩摩炎終於被逼與公主成親，兩人完成了終身大事。

王宮中舉辦了盛大的結婚喜宴，精湛的樂器演奏聲中，一個個像飛天仙女般的舞者，緩緩簇擁而出一位絕世美女。

原來，白靈公主盛裝打扮起來是如此地美麗高貴。

換上了色彩炫爛的舞衣，款款移步至會場中央，公主輕快地跳起舞來。她擺動著身體，就像雲朵一樣飄忽不定，可是腳下的重心卻又踩得穩重紮實，一圈又一圈地跳起迴旋舞。

公主就像一朵盛開的蓮花，觀眾們連大氣都不敢喘一聲，生怕會褻瀆了當下神聖的氛圍。在一片靜寂中，只有管弦笙竹清亮的樂音迴盪著，祝福著公主的未來。

「鳩摩炎，本王將公主許配給你，你可要好好保證給她幸福啊！」

「國王難道不懂無常？幸福豈是可以保證得的？」

國王一聽，沉下臉來拂袖而去。

＊　＊　＊

西元三四四年（東晉康帝建元二年），結婚一年多的公主，產下了第一個小王子。

「公主，雀梨寺的大師來看小王子了。」侍女領著一位皮膚黝黑的老僧進到暖閣來。

「快請……。」剛生產完的白靈公主，身子還很虛弱，推開厚厚的棉被，

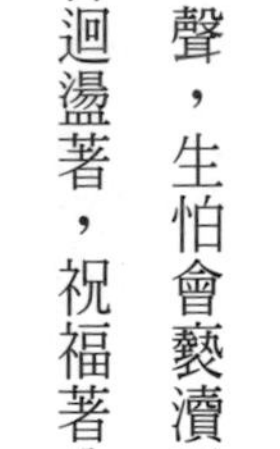

正要抱著一旁鼾睡的嬰兒坐起。

「公主請勿起身，看看小王子睡得多安詳，可別吵醒他。」

說完，高僧慈祥地俯視著熟睡中的王子。

「取的名字是？」

「鳩摩羅什。」

大師點點頭，輕聲微笑道：「小王子啊！你可把母親給折騰夠了。」

「大師，請爲我祈福消災，保佑他一輩子順利平安。」

「王子天庭飽滿，容貌清雋，長大後必定是大智慧之人。記得你懷孕時，智慧大開，任何經典過目成誦，那時我即說，公主所懷之子必定非常人。果然，我說的沒錯吧！」

「還不知道呢！不過，我對他沒有別的要求，只要他能成爲一個好的佛弟子，我就心滿意足了。」

「王子是有福報之人，你就別擔心了。對了，你現在那些，都還記得嗎？」大師做個手勢，神祕地問著。

「您是說那些天竺語、天竺文？早就忘光了。」公主一想到懷孕，一些好笑的事，不禁噗哧笑出聲，連忙用手摀住嘴：「大師，您說奇怪不奇怪？我懷了王子以後，莫名其妙地突然懂得天竺文，那陣子真多虧了大師您的幫助，不然我還不知道該怎麼辦呢？」

「駙馬是天竺人，他是不是曾教過你天竺文？」

「沒有，駙馬成天忙得不見人影，怎麼有空教我？」公主搖頭道。

「公主，這可是不得了的事，王子前世不知是哪裡的大修行人，他的智慧無窮啊！」

公主聽了大師的話，靜靜地看了一會兒小王子，道：「如果這孩子真有那麼大的福報，我希望他能多多庇蔭龜茲國的子民。」公主輕輕地搖著王子，將臉頰貼近王子暖烘烘的小臉。

窗外，下起雪來了。片片雪花從空中迴旋而下，晶瑩剔透，將大地妝點得銀光閃閃。

03

斬斷塵緣

六年後，健壯活潑的王子鳩摩羅什，身邊多了一個調皮的小弟弟，二王子弗沙提婆。兩位小王子和將軍白震的女兒白馨，在王城中總是一起讀書、一起遊戲、一起騎馬，過著天眞無憂的歲月。

「王子們，把這段經文背熟，你們就可以出去玩了。」

鳩摩羅什一聽，立刻起身，唏哩嘩啦地將經文流暢地背誦給老師聽。

「很好，大王子可以先出去。」

鳩摩羅什一聽，一個箭步往外衝去，頭也不回地道：「你們慢慢背，我先去雀梨寺接母親回來，回頭再找你們玩。」

鳩摩羅什矯健的身手，一下子越過重重門欄，也越過很多僕人的視線，在眾人還來不及攔阻以前，早已往雀梨大寺狂奔而去了。

今天是盂蘭盆法會的最後一天，也是白靈公主回家的日子。白靈公主離家住進寺裡已經一個多月了，這次，她不准任何人去探望她，也沒有捎回半點訊息。

說起來，公主的婚姻並不幸福。雖然她有兩個可愛的兒子，但當初被逼婚

的鳩摩炎，對於他們母子總少了一點熱情溫暖，成親至今七年多，夫妻倆幾乎已無話可說。

還好，在佛教的信仰中，公主找到了內心的慰藉。她體會到凡事皆是因緣，不可強求，對於丈夫的疏離、冷漠也就不再計較而慢慢看開。

自然而然地，她連一切的情感，包括親情、友情，都漸漸淡去。在她的心中，只有修行是唯一的道路，只有修行能徹底解脫，不再於痛苦中輪迴。

「母親，我來接您了。」鳩摩羅什不知從哪兒竄出來，嚇了白靈公主一跳。

「你自己一個人來，沒有別人跟著？」

「孩兒不用別人跟，孩兒已經長大了。」

白靈公主一聽，欣慰地笑了。她牽著鳩摩羅什的手，緩緩地散步回家。這時，正是夕陽最燦爛的時刻，火紅的天空像是要燃燒起來似的，絢爛無比。

「母親，您看，好美的天空。」鳩摩羅什比著天上說。

「是啊！好美，可是也好短暫，一下子，太陽下山了，黑夜降臨大地，就什麼都看不見了。」走著走著，母親像是受到了驚嚇，突然停下腳步，掩面不敢向前。鳩摩羅什往前看去，看到十幾具屍體殘骸，身首異處、肢體不全地散落在不遠處。

「您不在的時候，遠方的氐族潛入我國境，想要偷襲我們，還好都被父王率兵擊退了。」鳩摩羅什拉拉母親的手，說：「母親，您別怕，孩兒已經長大了，孩兒會保護您的。」

淚流滿面的白靈公主，強忍悲痛，摸摸鳩摩羅什的頭，慈愛地說：「母親不是害怕，是難過。」

「難過什麼呢？這些都是該死的敵人。」

白靈公主一聽，蹲下身子與鳩摩羅什說話：「不管躺在這兒的屍體是屬於誰的，都很令人難過。想想看，前一刻還是生龍活虎，後一刻已經一命嗚呼；前一刻是有理想、有熱情的生命，後一刻卻成了無主孤魂。這種無情的改變，就叫無常。該難過的，不是失去生命，而是『無常』這件事。」

白靈公主拉起鳩摩羅什的手，繼續往前走：「你現在還小，聽不懂沒關

係。希望你記在心裡，等到長大了以後，再慢慢回想母親的話，好嗎？」

母子倆一長一短的身影，斜斜地拖在地上，漸漸地愈行愈遠，消失於皇宮的大門。

＊ ＊ ＊

這一次，白靈公主是吃了秤砣鐵了心，決心要爭取到底。其實，生完鳩摩羅什那一年，與丈夫一次大吵之後，她就早已心灰意冷，決心出家。可是，丈夫強硬地阻攔著，又不忍心丟下幼小的嬰兒，才會留到今天。

那一天，走過那段死屍橫布的回家路時，白靈公主內心受到極大的震撼。她思惟著苦空無常❶的道理，好幾天無法進食，早已氣力疲乏、形容枯槁。

鳩摩炎終於感到事態嚴重，於是他端著飯菜去房間求她：「你要出家，也得先吃飯啊！你已經好幾天不吃飯了，再這樣下去，連能不能活到明天都有問題，還談什麼出家修行？」

「吃飯是爲了維持生命，可是生命的意義又是什麼？若不能斷髮出家，我活著也於世無益。」

「就算你現在要出家，這麼晚了，誰可以爲你斷髮？來，先吃飯，明天我親自去請雀梨寺的大師來爲你剃度，好嗎？」

白靈公主搖搖頭，堅決地說：「這是我自己的煩惱絲，我自己來斷。」

過了許久，鳩摩炎像是想通了，終於喚屬下拿剪刀來。當他將剪刀交到公主手中時，緩緩地說：「你就這麼迫不及待？」

鳩摩炎喃喃說著，空氣中瀰漫著一股僵持的氣氛。

「可要想清楚，這一刀下去，斬斷的可不是只有你自己，還有與許多人的關係。」

白靈公主緊握著刀柄，兩行淚水沿著雙頰滑下，思索良久，淡然地說：

「謝謝你。」

就在鳩摩炎微微一楞的時候，白靈公主的一把青絲已瞬間迎刃而斷。

全部的頭髮都理盡了以後，白靈公主換上素樸的衣裳，才慢慢地端起飯

菜，緩緩地一口一口咀嚼。

鳩摩炎看著她吃完飯才出去。

之後，公主一個人靜坐到天明。當東方太陽昇起時，她收拾好簡單的行囊，往王子們的寢宮走去。

「孩兒，醒醒，母親就要走了。」她搖醒較懂事的鳩摩羅什：「輕聲點，別把弟弟吵醒了。」

「母親，您要去哪裡？」鳩摩羅什揉揉眼睛，看著母親的裝扮已經不同往常，警覺到似乎發生了什麼事，立刻從床上跳下來。

「我要去雀梨寺長住，別擔心，姑母和姨婆會疼愛你們的。有什麼事，也可以來雀梨寺找我。」

鳩摩羅什雙手抱住母親的頸子，說：「您要去出家，對不對？我也要跟您去。」

「你還太小，等你長大了就可以出家了。」

「我已經長大了，我要跟您一起去出家。」鳩摩羅什用堅定的眼神看著母

親，隨即一咕嚕翻身下床，很迅速地紮了一個小包袱，然後對著母親說：「走吧！」

「當真要去？出家很苦的。」母親摸著他的小臉慈愛地說著。

「我長大了，我不怕苦。」他拉起母親的手朝外走去。

日出之際，全城的人都在酣睡中時，鳩摩羅什母子已經步出王城之門，走入人生另一個嶄新的旅程。

未來的路，不是一條簡單的路，而是一條漫長又艱辛的修行路。

❖ 註釋 ❖

❶ 無常：宇宙萬物沒有永恆不變的，一切皆隨著因緣而流轉。

04 小沙彌立奇功

一心出家的白靈公主，帶著鳩摩羅什住進佛寺。原本公主以爲鳩摩羅什過陣子就會想要回家，沒想到時間一過半年，他半點想家的念頭都沒有。

「原來我一出生就該住進寺裡來的。」鳩摩羅什一邊抄寫經文，一邊喃喃自語說著。

「什麼？」一旁的母親一時聽不明白。

「王宮裡雖然人來人往，可是平時總是覺得很無聊。這裡好多了，我住在這裡很理想，不想回去了。」

「可是，你不想家嗎？父親、舅父，還有弟弟和表妹都在等著你呢！」母親說。

鳩摩羅什抿著嘴不說話。

「如果你偶爾想回去看看他們，也沒有關係啊！」

「再說吧！」

七歲的鳩摩羅什拿起經本喃喃地背誦起來。

白靈公主暗自嘆了一口氣，心想：「難道，這孩子眞有出家的因緣？果眞

如此，今後自己的責任更重了，要照顧的不只是一個孩子，而是未來的高僧，代佛說法的人天師。」

全龜茲國最優秀的老師、最有道的高僧都被請來為他授課，而他驚人的天資與強大的學習力，令每一位老師印象深刻。他每天可以背誦一千首以上的偈語，每首偈語大約有三十二字，合起來就有三萬兩千多字。不僅如此，老師所講解的經文，他一聽就懂，且能融會貫通，他的聰明才智及專注意志力真是無與倫比。

出家後的白靈公主以禪坐為主要修行法門，並且有很好的成果。可是跟兒子比起來，母親的名聲可不那麼響亮，因鳩摩羅什的才智聞名全國，公主的名號，反而被「鳩摩羅什的母親」所代替。

由於母子倆貴為國王的妹妹及外甥，平時受到的供養很多。隨著鳩摩羅什一天天長大，一旁默默觀察他成長的母親，卻開始擔心他會就此認為「修行就是這麼簡單的一件事」，減損了自身的福報而不自知。

一轉眼過了兩年，鳩摩羅什九歲了，為了讓他得到更深刻的生命歷練，母親決定帶他出走，離開龜茲國去尋找其他名師。

＊ ＊ ＊

船身微微地傾斜著，鳩摩羅什和母親坐在人比較少的船尾，遠處雪白的山峰和龜茲國有些類似，但好像比龜茲國的山更高大、更險峻，也更接近天空。而天空，則是一樣地美麗遼闊，令人心胸舒坦。

渡過辛頭河，就是罽賓國了。鳩摩羅什和母親即刻找了一個能通該國語言的老師和嚮導，一邊向人打聽罽賓國最有名的高僧——槃頭達多法師。

槃頭達多法師不難找，在罽賓國內，連街上的三歲孩童都能告訴你槃頭達多在哪裡。難的是，如何能入才明博識、獨步當代的槃頭達多門下，成為他的入室弟子？

鳩摩羅什與母親來到槃頭達多大師所住的佛寺外，誠心誠意地求見，沒想到守門的僧人卻不願通報：「法師沒空見你們，你們請回吧！」

「可是我們千里迢迢前來，就是爲了要見他，他怎麼可以不見我們？」

「師父，就請您先爲我們通報，若通報了之後，大師眞的還是不肯見我們，我們就離開。」鳩摩羅什的母親委婉地說著。

「已經告訴你們，大師現在沒空嘛！大師早上手寫千偈，下午口誦千偈，晚上還要禪坐不倒單❶，哪有時間理你們呀？」

聰明的鳩摩羅什一時靈光乍現，連忙接著問道：「大師這麼辛勤地修行，爲的是什麼？」

從來沒有人問過這種問題，尤其問的是槃頭達多大師。守門人一聽，頓時楞在原地，滿臉疑惑之情，眼神迷茫地看著他們。

「這個問題，你也答不出來，是不是？既然答不出來，還不快去向大師問個明白，否則晚上睡不著覺……。」鳩摩羅什用鼓勵的眼神，催促著守門人的腳步。守門人搔頭弄耳一番，終於按捺不住，急步入內去找大師了。

「如果這招不管用，我們只好在這兒一直等下去囉！」鳩摩羅什說。

大約過了半刻，守門人走出來，一改無禮的態度，十分恭敬地迎請他們入內。鳩摩羅什和母親難掩興奮之情，隨著守門人的指引來到一處書房。

書房內一位神情和悅的比丘❷，在方墊上笑咪咪地看著他們。

鳩摩羅什與母親，一見比丘的風範，心知這就是著名的槃頭達多法師，於是立刻匍伏在地，向大師頂禮❸，並且請求大師收爲弟子。

「那麼，你們想要學什麼呢？」大師慈祥地問。

「三藏九部，一切皆學。」鳩摩羅什迫不及待地說。

「喔？你有自信能把這些都學會？」

「鳩摩羅什一定全力以赴，絕不鬆懈。」

「好，那你們兩位就留下來吧！不過，修行是急不來的，我希望你們放鬆身心，平時除了讀經外，也要多打坐。」

西元三五二年（東晉穆帝永和八年），鳩摩羅什與母親在罽賓國待下來了。鳩摩羅什之母，也就是白靈公主，學習禪坐頗有心得，所以專心打坐，不做他想。至於鳩摩羅什本身，則從雜、中、長阿含四百萬言一字一句學起。

＊＊＊

夏日的涼風習習吹著，槃頭達多大師正爲鳩摩羅什上課，遠處有一個人穿過花園小徑，朝書房走來。

不一會兒，那個人進門來拜見。原來他是國王派來的使者，恭恭敬敬地伏地呈上一封信函，槃頭達多大師接過來，細細閱讀了一番，讀完後卻一言不發地搖頭微笑。

「師父，又來了？」鳩摩羅什小聲地問。

槃頭達多法師點點頭，對使者說：「請回去稟告國王，就說我沒空理會這些人。」

「大師，您若不肯去，那些外道會以爲我們沒有勇氣接受他們的挑戰，以後會更加氣焰囂張啊！」使者戰戰兢兢地說著。

槃頭達多大師思忖了一番，最後說：「這種小道之士，實在不值得去與他們辯論。不過，你說的也對，這樣吧！我派一位最傑出的弟子與你進宮去接受

挑戰，」他回過頭對著鳩摩羅什說：「你去吧！」

鳩摩羅什和使者同時跳了起來：「啊？」

「師父，別開玩笑了。」

「大師，叫一個十一歲的小孩去？」

「鳩摩羅什，你跟著師父也已經兩年了，師父想要知道你究竟學了什麼？不必害怕，只要記住一點，不管遇到什麼難題，都要沉穩以對，我相信你能面對的，去吧！」

事已至此，鳩摩羅什只好鼓起勇氣，跟隨使者進宮去。

槃頭達多大師原是罽賓國王的弟弟，雖然已經出家修行多年，但國王還是很思念他，時時找他進宮相敘，並且常常向他請教治國之道。

這一天，他滿心期待著槃頭達多大師進宮，沒想到使者去了半天，卻帶回來一個小孩子。

「你是誰？」國王吃驚地問。

「我是鳩摩羅什，槃頭達多大師是我的師父，他派我來與外道辯論。」

「鳩摩羅什，好熟的名字，你是那位龜茲國的小王子嗎？」

「我就是。」鳩摩羅什點頭道。

「很好，很好。你的師父，也就是我的弟弟，時常提起你，說你比其他所有弟子都優秀，好好地去把那些煩人的外道辯倒，快去。」罽賓國王似乎很欣賞鳩摩羅什，對他清秀神俊的外表很有好感，熱絡地招呼他進大殿去。

一進大殿，鳩摩羅什立即感受到不友善的眼光，從四方角落射過來。他放眼一望，都是一些披頭散髮的外道修行人，或站或坐，神情傲慢，毫不客氣地四處觀望著。

「各位大德，這位是鳩摩羅什，他代表槃頭達多大師來與各位見面。你們有什麼問題儘管問他，相信他可以給各位很好的解答。」

國王一邊說著，一邊坐上殿內最高的王位，氣定神閒地看著眾人。

「怎麼，難道貴國都沒有人才了嗎？」一個裸露上身，用布遮了半邊臉的黑漢冷笑地說。

「罽賓國人才濟濟，只是大家都忙著修行，只有我這個沒有修行的小沙

彌，才有空來陪各位大德們聊聊。」鳩摩羅什一開口，就露出無畏的氣勢。

罽賓國王一聽，臉上露出滿意的笑容，而黑漢的半邊臉，看起來更加鐵灰了。

「修行，很好，那就請你開示，到底什麼是修行？」

「修行是依著佛法生活，隨時修正自己的身、口、意三業。」鳩摩羅什有條不紊地回答。

「修行的方法爲何？」黑漢外道緊追不捨。

「從戒、定、慧做起。戒，是佛陀教導我們自律的規範；定，是收攝內心的工夫；慧，是參透諸法實相。戒、定、慧三學密不可分，缺一不可。然而要突破生死大關，最重要的還是不忘信、解、行、證，才能眞正解脫生死，出離三界❹。」

「哈、哈、哈！佛門的小沙彌，槃頭達多的弟子，你說的好極了。可是我不明白的是，像我們這樣的修道人，根本不知道佛教那些艱難複雜的道理，也不懂什麼三學，卻也能在靜坐中體驗到輕安快樂，這是什麼原因呢？」黑漢外道嘲笑地說。

「禪悅，是一種比五欲❺之樂還要昇華的喜樂。禪坐並不是佛陀所獨創的，佛教徒修禪定，並不執著於禪定中的輕安快樂，因爲禪定只是一種修行的方法，而非修行的目的。」

「那麼，佛教徒修行的目的究竟是什麼?」黑漢外道不屑地問。

「佛教徒修行的最終目的，是獲得廣大圓滿的智慧與慈悲。」鳩摩羅什沉靜地說著。

黑漢外道眼看在義理上辯不過一個小孩子，心裡很不服氣，於是開始在地上盤腿打坐，繼而口中念著咒語。

不一會兒，門外一陣熱風吹進來，眾人都覺得酷熱非常，簡直就要燒焦了的感覺，然後，黑漢外道突然浮了起來，在空中打轉，咒語祕術響徹天空，一些膽小的侍衛都嚇暈在地上。

鬧了一陣子，才漸漸恢復平靜。黑漢外道降落地面，神色紅潤，道友們都紛紛讚歎不已，連罽賓國王都露出不可思議的表情。

「小沙彌，你的師父可會這一招？如果你願意求我，我就收你為徒，傳你神通法門。」

只見鳩摩羅什一人，毫無半點恐懼的樣子，全場就屬他年紀最小，但卻反而最沉穩。

「佛陀早就說過神通，佛陀的大弟子目犍連具有大神通力，最後死於外道的亂杖之下；蓮花色尼也以神通著稱，卻難逃提婆達多的鐵掌。可見神通是無法違背因果，扭轉業力。」

說完，鳩摩羅什站起來，對眾外道合掌道：「如果大家不想太早墮入地獄，還是趕快回家去老實修行吧！鳩摩羅什先行告退，不奉陪了。」

鳩摩羅什向國王行禮後，面色從容地退出大殿，往回家的路上行去，留下一屋子錯愕與讚歎的複雜情緒。

❖註釋❖

❶不倒單：即夜間不睡覺，不分晝夜地專心打坐、參禪或念佛。

❷比丘：出家人中受過具足戒的男眾。

❸頂禮：以頭頂地的行禮方式，是為表達最崇高的尊崇與感恩。

❹三界：欲界、色界、無色界，都是凡夫生死往來的境界，所以佛教修行人以跳出三界為目的。

❺五欲：是指色、聲、香、味、觸等五種情境所生起的五種感受，能令眾生貪求戀著。

05

小菩薩大智慧

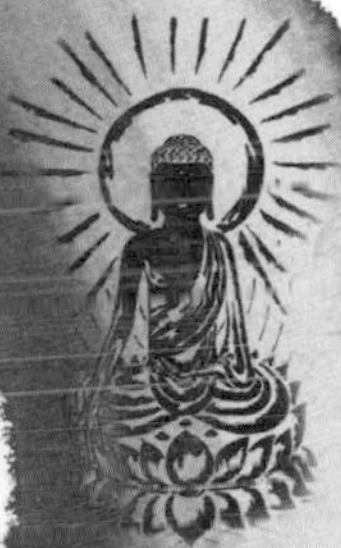

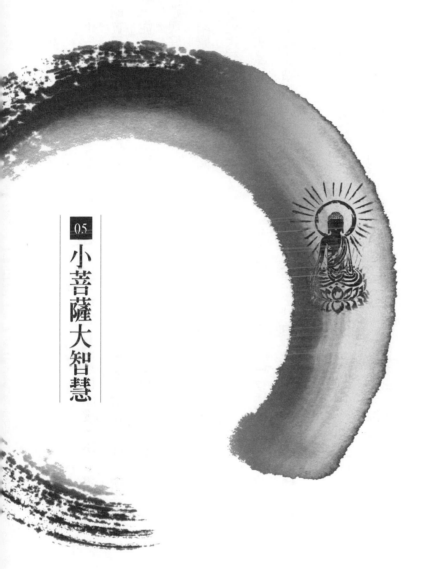

十一歲的小沙彌鳩摩羅什將外道修行人辯倒的消息傳開後，不一會兒，「罽賓國最有智慧的小菩薩」稱號傳遍大街小巷。一擔擔的禮物，好像辦喜事般，從王宮運到寺中，沿途居民夾道歡呼，興奮不已，對鳩摩羅什感到無限地讚歎與好奇。

鳩摩羅什的步子才剛跨進槃頭達多大師的書齋房門，罽賓國王豐厚的謝禮隨後就送到。

「鵝臘一雙，粳、米、麵各三斗，酥油六升……。」送禮的使者笑嘻嘻地請鳩摩羅什點收：「這些可都是各國最上乘的貢品，是國王親自點送的啊！而且不只今天有，以後天天都會有。」

「這麼多？」說起佛法頭頭是道的鳩摩羅什，遇上國王的盛情對待，卻只能手足無措地摸摸頭，回頭問師父，道：「我……我……，師父，我該怎麼辦？」

「收下吧！」對國王的個性了解有加的槃頭達多大師說：「我這位王兄樂善好施，而且『熱心過度』，他對你的殷誠感謝，還有賞識之意，都遠遠超過

這些禮物所能表達。所以，你一定要收下這些禮物，否則以後會愈來愈多，沒完沒了……。

「這……，可是，我只是照您平常教我的去做，並沒有什麼了不起的……。」

「外道修行人這幾年來一直找機會挑戰佛教徒，今天，你一個小沙彌就把他們給辯倒，讓大家鬆了一口氣。

「對你來說，這或許沒有什麼，但對佛教徒來說，學佛的信心卻大大地增強了不少。鳩摩羅什，你生來具有非凡的善根福報，這是你前世的修行所得。你要好好利用這個因緣，將來成為很好的法師，去幫助需要幫助的人，努力吧！」

師父的讚可與期許，讓他滿心歡喜，帶著天真無邪的笑容，一路蹦蹦跳跳地走回寮房❶去。整個心思，都是剛才與外道修行人辯論的場景，一幕幕地重複上演著。經過這一場較勁，鳩摩羅什對自己信心大增。

懷著心滿意足的心情，一進到寮房內，卻發現床上的被褥、衣物都不見了。鳩摩羅什揉揉眼睛，沒錯啊！這兒是自己每天睡覺的房間，這個床、椅子、桌子，一切都一如往昔，唯獨自己的東西都不見了。

「奇怪了！」鳩摩羅什摸摸頭，不解地說著。

這時，一位同房的沙彌突然進來拿東西，鳩摩羅什趕緊抓著他問。

「鳩摩羅什，你的房間換了，你還不知道嗎？」

「換了，爲什麼換？換到哪兒去？」鳩摩羅什訝異地問。

「國王交代，要給你住最好的房間、吃最好的食物，還有專人服侍你，讓你專心讀經，精進修行，不再爲俗事煩惱。」

說完，沙彌帶著鳩摩羅什沿著彎彎曲曲的路，走到了新的寮房。

「看，這就是你的新家——」鳩摩羅什進去後，看得簡直眼呆了。

寬敞的屋子，足足可以睡十個人以上，而且處處潔淨明朗，光線充足。全新的臥榻，方整地置於角落中，屋裡日用的東西一應俱全。

更令人吃驚的是，門邊約十來個大大小小的僧人，陣式浩大地一字排開。

「你們來做什麼？」

「我們奉命照顧您，從此以後，屋裡屋外的事，由我們來負責，您不必再操一絲一毫的心。國王交代，您一定要放下一切俗事，用心於功課上。」

從此以後，鳩摩羅什好像又回到了王子的生活，茶來伸手、飯來張口，一切起居飲食都有人細心照料著。

鳩摩羅什一方面住在宛如王宮的佛寺中，受著最好的服侍，另一方面又能沐浴在師父慈悲的教導中，學問是蒸蒸日上，名氣是愈來愈響。

由於出生於王宮中，對於別人的尊敬一向視為理所當然，天眞無憂的鳩摩羅什，在罽賓國過著如魚得水的生活，不知不覺地志得意滿起來。

就在此時，一直在旁邊陪伴著鳩摩羅什的母親，開始擔憂他從此耽溺其中，修行受到障礙，因此打算離開罽賓國，最後決定帶他回國。那一年，鳩摩羅什十二歲，母親帶著他辭別了槃頭達多法師，回到闊別兩年多的龜茲國。

✻ ✻ ✻

「啊！長得這麼高了，舅父看看——」國王一見到鳩摩羅什，慈愛之情不覺溢於言表。身爲一國之君的他，在見到愛甥的那一刻，也成了一個普通的長輩，一位慈祥的舅舅。

一回到龜茲國，鳩摩羅什與母親被層層的親情所包圍著。雖然住在佛寺中，仍然每天被國王召喚入宮，城門從早到晚馬不停蹄的，都是一些親戚朋友、王公大臣，帶著珍貴的禮物來求見。鳩摩炎與鳩摩羅什母子倆，卻只匆匆見一面，又即刻前往軍營練軍去了。

「現在，邊事戰況還吃緊嗎？」鳩摩羅什的母親關心地問著國王。

「這兩年好多了，多虧了他……還有王弟，他們兩人眞不虧是我的左右手，一個主軍事、一個主外交，將龜茲國用銅牆鐵壁打造起來。」

「難爲你們大家了，龜茲國一向積德培福，相信悲憫眾生的菩薩，會加被於我們的。我和鳩摩羅什也會好好修行，回報大家的成就功德。」

「這次你們回來，可不要再離開了，我決定封鳩摩羅什爲王……。」

「千萬不可！他小小年紀，對於事情的好壞都還分不清楚，如何受此高爵

重祿？再說，人對輕易得到的東西，總是不懂得珍惜，我擔心他在優渥的環境中，會養成驕縱、傲慢的習氣，對於修行是大大的不利。」

「那麼，我在王城裡爲他蓋一座新樓，讓他專心讀書修行，等到長大成人後，以爲我用。」

「王兄，您對他的疼愛，他一輩子也報答不完的。但是，他的修行還未結束，請再給我們一段時間，等時間到了，我會帶他回來。」

「時間到了，是什麼時候呢？」

鳩摩羅什的母親沉吟了一下道：「二十歲受具足戒❷之前，我一定會帶他回來的。」

✻ ✻ ✻

一陣風吹來，夾帶著大量的黃沙，迷濛了眼睛。馬兒晃動了兩下，鳩摩羅什母子彎低身子，避避風頭。

好不容易抬起頭來，鳩摩羅什卻感到一陣黑影迅速從眼前掠過。是眼花了嗎？還是有什麼飛禽巨獸飛過？鳩摩羅什抬頭四處看看，卻看不到什麼。

「快點趕路吧！天黑以前一定要進入沙勒國，否則我們就要在荒野外過夜了。」鳩摩羅什的母親語氣中透露著焦急。

果然，剛越過大月氏山，火紅的太陽就落到山的另一邊了。眼看著漆黑的夜色一步步逼近，鳩摩羅什母子倆不得不趕緊尋覓一處過夜的地方。

「看，那兒有火光——」鳩摩羅什指著不遠處的地方說：「一定有行商或牧人在那兒。」

母子倆互相扶持著，慢慢走近，才發現微光是從一個山壁的洞窟所發出的。

「我曾聽說這一帶有許多佛窟，是各地的修行人所建，裡面藏滿了經書古籍，還有數不盡的美麗壁畫，也許這就是那樣的一個地方。」鳩摩羅什的母親說。

母子倆小心翼翼地走進洞窟中，還不忘先向洞內的人打聲招呼：「洞中的

菩薩們，鳩摩羅什母子因爲趕路不及，特來叨擾，還請見諒。」鳩摩羅什的母親一說話，回音立即在重重迴廊間傳開。雖然沒有看見任何人出現，不過，倒是知道了這個洞窟非常地大。

「母親，您看——」鳩摩羅什點起火炬，舉向洞壁。一個個飛天栩栩如生地刻劃在壁上，連洞頂都是諸佛菩薩的繪像。

青的衣帶、紅的衫裙迎風招展著，像是眞實的景象一樣浮現在眼前，卻又靜靜不動地對人慈眼諦聽。

各種佛菩薩的塑像浮雕於壁上，鳩摩羅什牽著母親的手，在迴廊內穿梭著，迎面而來的是蓮池海會圖，釋迦牟尼佛坐中間，阿難尊者、大迦葉尊者、目犍連尊者……等佛弟子隨侍在側。還有觀世音菩薩、地藏王菩薩、普賢菩薩等站立一旁慈光普照，龍天護法神威顯赫。

洞窟是由許多石穴串連而成的，每一個石穴中都供養著不同的佛像，或一尊或兩尊，或者一大群的諸佛菩薩像；也有佛經中的人物躍然壁上，在火炬的照耀下閃爍著佛性的光輝。

鳩摩羅什及母親見到這樣莊嚴法喜的壁畫，不禁感動地流下淚來，匍伏在地頂禮不已。

「孩兒，你要記住這一刻的感動，生生世世都不要忘記。當你遇到挫折、困難時，要觀想洞窟石穴中，佛菩薩慈祥的面容。佛菩薩的加被，比什麼都眞實，比什麼都可貴。」

鳩摩羅什點點頭，接受母親的訓示。在他的心中，確實有一股願力油然生起，「我一定要更加努力，早日成爲眞正的法師，續佛慧命，代佛說法，永世不息。」

夜深了，母子倆選擇一個溫暖的角落，躺下來休息。朔風野大，早秋的寒意在深夜裡更加淒冷，鳩摩羅什蜷曲起身體，不一會兒即沉沉睡去。

鳩摩羅什的母親卻了無睡意，靠在山壁上，斜望著洞口，隨時注意著動靜。突然，一陣風颼進來，淡淡的檀香味隨即浮昇在空中。一眨眼，一個出家人站在眼前，她震驚地跪立起來，合掌道：「請問，法師是……？」

「月氏山的羅漢，打擾了。」低沉的嗓音在洞中猶如鐘鼓般洪亮，她卻奇

怪鳩摩羅什依然沉睡著，絲毫沒有受到影響。

「你的兒子睡得眞熟，時候到了記得叫醒他來。」羅漢坐下來，盤起雙腿。

「天亮了自會叫醒他，難道羅漢還有別的深意？」

「嘿、嘿、嘿……，」羅漢淡淡地一笑，道：「你的兒子，你要好好地看著他，三十五歲以前若能持淨戒而不捨戒，則可以成爲大興佛法、度眾無數的人天聖者。」

「若不能呢？」鳩摩羅什的母親問。

「博學多聞、天縱英才，人人稱他一聲法師，如此而已。」

「可是，我怎麼能永遠看著他呢？」就在她低頭沉思時，一陣涼風從腳底鑽過，猛一抬頭，那自稱是月氏山羅漢的出家人，已經不見蹤影了。

鳩摩羅什的母親趕至洞口，發現天已大明，洞外的天地是一片遼闊蒼茫，一聲聲的鷹叫，劃破沉靜的大地。

❖註釋❖

❶寮房：佛寺中僧人的寢室。

❷具足戒：為比丘、比丘尼當受的戒，比丘二百五十戒，比丘尼三百四十八戒。

06

任意自在任名揚四方

騎馬走了一整天，終於看見沃洲裊裊的炊煙，鳩摩羅什高興地歡呼著，連坐騎都興奮仰天長嘯。

「終於到了。」鳩摩羅什的母親也欣慰地說著。

一進入沙勒國，鳩摩羅什母子就被人來人往的熱鬧景象所吸引，馬、驢拖著乾糧、穀物在街上跑，家家戶戶都建有倉庫，裡面裝滿了過冬的糧食。

「冬天眞的快到了。」心裡才這麼想，一陣寒風即從腳底颼過：「得要趕快找到掛單處。」

不一會兒，他們問到城裡一座經常濟助外國人的佛寺，住持名叫「喜見」，是一位親切和藹的老和尚。

鳩摩羅什母子於是立刻前去拜訪喜見和尚。

「我們來自龜茲國，聽說貴國的名師頗多，傳法殊勝，於是跋涉萬里前來求法，還望和尚慈悲納受。」

「哈、哈、哈……龜茲國佛法盛傳，國王白純愛民如子、樂善好施，這些事在我沙勒國也是人盡皆知的。」

「國王白純正是我的舅父——」鳩摩羅什因爲聽到舅父受人稱讚，一時高興脫口而出。

「是嗎？這麼說你是鳩摩羅什王了？而你就是龜茲國出家的公主囉？哈、哈、哈……你兩位能到我沙勒國來，眞是我國無上的光榮。尤其鳩摩羅什王子在罽賓國大敗外道的事蹟，早已傳遍了我國，沙勒國上上下下，人人都期盼著能有像小王子這樣聰明有智慧的人，來挫挫外道的銳氣。」

「大師過獎了，鳩摩羅什只是一個小孩子。」母親謙虛地說。

敍幾句家常話後，喜見和尙引鳩摩羅什母子到各自的寮房住下，從此安頓身心，專心修行。冬天很快地來臨了，在冰天雪地的銀色世界裡，鳩摩羅什精進不輟地誦讀《阿毘曇》、《十門修智》等功課，對於經文的奧義研究通透，問答無所滯礙。

短短一年中，鳩摩羅什將流通西域諸國的小乘經典盡皆讀遍。放眼所及，似乎沒有什麼他沒聽過、沒讀過、不能明瞭的佛典了；而他豐富的學識涵養，在沙勒國更是大有名氣，雖然只有十三、四歲，卻常有年長的修行人前來與他談論佛道、切磋佛理等。

一天，鳩摩羅什的母親與喜見和尚在殿上討論佛法義理，一旁的鳩摩羅什閒著無事，便到處走走看看，看到一個模樣奇特的鐵缽，即順手一提，將鐵缽頂在頭上：「咦？這鐵缽看起來如此厚重，舉起來卻這麼輕。」話才說完，鐵缽瞬時變成了千斤鼎那般重。鳩摩羅什雙手撐不住，於是「啊！」的一聲，鐵缽噹啷掉落在地。

「怎麼了？」母親與喜見和尚一起回過頭來。

鳩摩羅什臉上的表情，就像天塌下來了一樣震驚。因爲那鐵缽奇妙的變化，給了鳩摩羅什電光火石般的震撼。

他停了半晌都說不出話來，最後在母親的催促下，才緩緩地將那一瞬間所發生的事說出來：「只因孩兒心中一念分別，所以鐵缽的輕重立刻不同。」

母親聽見鳩摩羅什能有這樣的體會，心中感到很高興，一旁的喜見和尚，更是驚訝。於是，喜見和尚暗自決定，要說服沙勒國王，迎請鳩摩羅什爲沙勒國臣民講經說法。

「國王，您別看這小沙彌年紀輕輕，他的本領可大了。不論什麼經典，只要說得出名字來，他都能朗朗上口，辯答無礙。而且迎請鳩摩羅什說法，更有兩個大大的好處：第一，國內的沙門，見他一個小小沙彌，能夠說法完善精備，一定會自慚形穢，更加努力……。」說完這段話，喜見和尚趨步向前，卻降低音量，靠在國王耳朵旁輕聲地說著：「第二，龜茲國王如果知道鳩摩羅什在我國受到如此禮遇，一定會倍感尊榮，與我國友善交好。

「當然，更大的益處，是我沙勒國人人皆可聽聞佛法，法益均霑。這種福報，別人想求都求不得呢！」說到這兒，喜見和尚的聲音轉爲洪亮，國王也點頭微笑表示贊同，立刻下詔舉辦法會，恭迎鳩摩羅什陞座說法。

法會一連好幾個月，轟轟烈烈地進行著，其盛大的情況傳至龜茲國王的耳中，果然使得國王白純龍心大悅。

他派遣特使送來大批珍貴的禮物，一方面酬謝沙勒國王善待鳩摩羅什母子，另一方面爲法會增添門面，使鳩摩羅什的講經大會更光榮、更殊勝。

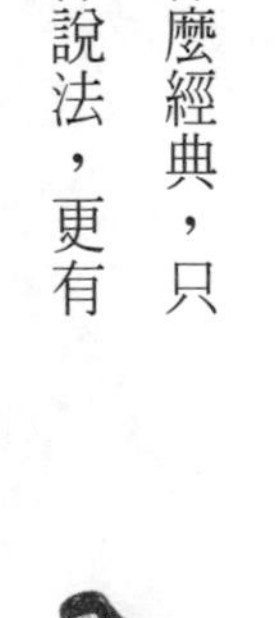

＊
＊
＊

鳩摩羅什母子在沙勒度過了一整年的時間，經歷了春夏秋冬四季的變化，也領略了各地的民情風俗。從小出家，長期悠遊在浩瀚佛學裡的鳩摩羅什，也免不了有一份對世界的好奇，於是他交了幾個同齡的朋友，時常在講經說法之餘，四處參觀，尋訪一些奇人異事。

「這是什麼？」鳩摩羅什好奇地問。

「這是古天竺流傳下來的天書《四韋陀典》，我可是費盡千辛萬苦才弄到的。」混混小三子故作神祕地說。

「喔？」鳩摩羅什隨手翻翻，發現裡面盡是一些占卜算命、計數異能等內容。

「還有這個，這本跟陰陽星算有關，能教人趨吉避凶，若能根據這本書所教導的方法去修行，將來大有可為。」

鳩摩羅什接過書，待要細看之時，貴公子拉勒卻拖著他往前走：「走、走、走，別管那些天文地理，我帶你去城裡找朋友。」他說的可不是普通的朋友，而是溫柔鄉裡的「女朋友」，鳩摩羅什對拉勒的朋友一向不敢領教，故敬而遠之。

由於常和小三子、拉勒等人出來逛大街，有時也會被他們帶到酒樓、茶館去見世面，有一些不同的聲音就傳出來了。人們在街上看見他們時，莫不竊竊私語，裝作沒看見的表情卻又那麼不自然。聰明的鳩摩羅什不會不知道別人對自己的修行起疑心，然而，他一向以爲看人不能只看外表，看事不能只看表面，凡事凡物都應該去深究其本質，才不會產生誤解。

爲了追求「眞相」，性情直爽的鳩摩羅什不拘泥小節，與一群個性豁達的朋友到各處走走看看，凡事自得其樂，一切了然於心，對於別人懷疑的眼光，一點兒也不放在心上。

「聽說城外有個奇人，名叫須利耶蘇摩，才技絕倫，許多大德都拜他爲師。」書生阿里說。

「這個奇人我也曾聽說過，據說是沙車國的王子，專門闡揚大乘佛法，不

如我們去拜訪他，看看他有什麼厲害之處！」

「大乘？小乘？這有什麼不同？」

「大乘是大車子，載的人多；小乘是小車子，載的人少，差別就在這兒。」書生阿里搖頭晃腦地說著。

「什麼大車子、小車子，難道蘇摩王子是個開車的車伕？」

「都別吵了，待會兒讓我們好好地問問蘇摩王子吧！」鳩摩羅什領著大家往城外走去。走著走著，遠遠看到荒野外孤立著一間山石屋，石屋門外的大樹上拴著兩匹瘦馬，屋前一條清澈的小河涓涓流過。

離屋外幾尺的地方，聽見琅琅如清玉的誦念聲傳來，一走進屋內，看見一位面貌清秀的年輕人，約二十來歲的年紀，坐在屋內中央的高椅上，以平穩的語調在說法；而坐在屋內聽法的幾位居士，都是城裡人盡皆知的大檀越❶。

舍利弗，是諸法空相，不生不滅、不垢不淨、不增不減，是空法，非過去，非未來，非現在……。

一進門就非常專心聽講的鳩摩羅什，聽到這兒卻不自覺地搖起頭來。蘇摩法師看見鳩摩羅什一臉的疑惑，微笑道：「您是龜茲國的鳩摩羅什王子吧！蘇摩曾在城中聽過您說法，幸會了！不知道您有什麼疑惑，也許蘇摩可以代爲解答？」

「請問，何謂諸法空相？」

「就是萬法皆空，一切無相的意思。」

「法師，這……如果一切皆空、無相的話，那麼您現在正在講的經又是什麼？」鳩摩羅什一針見血的問題，讓所有人都噤聲不語，偷偷觀察著蘇摩法師臉上的表情，卻發現他還是從容地微笑點頭著。

沉吟了一會兒，蘇摩法師說：「答案在於眼睛。」這麼一說，眾人都將注意力集中於蘇摩法師澄碧的瞳孔。

「您的眼睛確實很美，又綠又大，像……像……像一顆大葡萄。」小三子胡說八道一通，貴公子拉勒的扇子立即拍過來：「你不要瞎掰了，蘇摩法師的眼睛明明像和闐的美玉那樣晶瑩剔透，被你說成了葡萄……。」

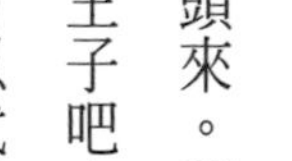

「葡萄和美玉又有什麼不同？雖然它們的價值相差很多，但它們的本質都一樣，那就是隨著因緣而生滅！」蘇摩侃侃而談。

「諸位，我們的眼睛看得到『有』，卻看不到『空』。一味地執著於『有』，正是痛苦的根源，透徹了悟『空』，才是解脫之道。」

「你所主張的『空』，對人又有什麼實際幫助呢？若每個人都相信了『萬法皆空』，誰還會來讀經、修行？這種奇怪的說法，對佛法不是一種破壞嗎？」鳩摩羅什一連提出了好幾個問題，但蘇摩法師一點兒都沒有被激怒，還是和藹地笑著道：「鳩摩羅什，從修行到解脫是一條很漫長而艱辛的路程，在這條道路上，眾生還是需要一些助緣的，比如一個好老師的指引，就很重要。

「讀經、析義、論誦，甚至禪坐、修密法等，這些事的本身不是目的，而是爲了幫助到達那最終的目的。

「鳩摩羅什，修行，是爲了徹底了悟生命的實相。而生命的實相又是什麼？」

「生命的實相？」陷入沉思中的鳩摩羅什，一語不發地閉上眼睛。在他的心海深處，卻有一個遙遠而清晰的聲音漸漸漫開來，像個巨大的漩渦，不斷往外推開。

「是……空！」

突然間，他有點兒懂了！

一股泉湧不息的法喜，從內心漸漸冒出來，最後竟充滿了全身。

他不言不語地微笑著，靜靜地回味著剛才的對話；而同樣心領神會的蘇摩法師，臉上也流露出如陽光般和煦的笑容。

「蘇摩法師，我過去專研小乘，以爲那就是佛法的全部，把它當成寶一樣緊抱不放，沒想到今日所領受的，才是不怕火煉的眞金。」

「您如果覺得受用，以後可以常來這兒，與大夥一同切磋吧！」

從此以後，鳩摩羅什正式入於蘇摩法師門下學習大乘佛法。

因爲蘇摩法師的因緣，鳩摩羅什的一生全部改觀。雖然身在小乘盛行的國度中，他還是竭盡所能廣讀大乘佛典《中論》、《百論》及《十二門論》等，朝著大乘菩薩成佛之道，精進勇猛地向前行。

＊
＊
＊

在沙勒國住了一年多，他和母親繼續往北方的溫宿國前進。沿途陸陸續續遇到了前來挑戰的外道。有一次，一個狂妄的外道修行人在大街上擊鼓發誓，誰要是能辯贏他，誰就可以取走他的腦袋。鳩摩羅什在大街上遇見這個人，用三言兩語輕輕點撥，就將他點醒了。

這個人左手拿鼓、右手拿錘，神情茫然地楞在那兒，不知道該怎麼下台。鳩摩羅什對他的「頭殼」當然沒什麼興趣，轉身就要離去，沒想到這個人突然拉住鳩摩羅什，跪在地上苦苦哀求：「大師，我願意皈依❷於您的門下，請您收我為徒。」

「這，我目前……恐怕不太方便……。」遇到這種麻煩事，年紀還很稚嫩的鳩摩羅什，似乎也有點兒手足無措。

「大師慈悲，請您一定要教我佛法，若我今生不能跟隨大師學佛，我一定死不罷休、死不瞑目、死不甘心、死不放手……。」

「好了，好了，別再死了。這樣吧！你先皈依佛門，然後找一處清淨的寺院修行，過兩年等我受完具足戒，你再到龜茲國來找我。至於師徒相稱，那是不必了，我們就當是同修道友，一起共同切磋，好嗎？」

狂妄的外道一聽之下大受感動，痛哭流涕地百拜叩頭。

這樣的事，一下子就傳開來了，鳩摩羅什清晰的思惟、智慧的辯答享譽各國，名氣傳遍了蔥嶺東西，事蹟時有耳聞。

而愈是這樣，遠方家鄉親人對他的思念，也就更加強烈。

終於，龜茲國王白純親自前往溫宿國，將鳩摩羅什母子迎回龜茲國。

❖ 註釋 ❖

❶ 檀越：即是施主，供給出家人衣食或出資舉行法會的信徒。

❷ 皈依：回轉、依靠佛、法、僧三寶，是成為佛教徒的一種儀式。

07

不一樣的成年禮

一回到龜茲國，國王白純立刻在王宮附近蓋了一座佛寺，讓鳩摩羅什母子倆可以安心居住。這座佛寺雖然不大，但外觀莊嚴、內部寬敞，裡面的佛殿、寮房一應俱全，讓每個進去聽經拜佛的人，都有一股說不出的清新法喜，因此被稱爲「新寺」。

時間一過數年，西元三六三年（東晉哀帝興寧元年），鳩摩羅什在新寺度過二十歲的成年禮。不過，與其他年輕人不同的是，他的成年禮是受具足戒而成爲代佛宣化的正式出家人。

「戒律是我們的老師，隨時隨地提醒我們修菩薩行，發菩薩心。戒律也是修行人的保護者，讓我們小心謹慎，不墮惡道。」爲鳩摩羅什傳授《十誦律》的卑摩羅叉法師如此說著。

陣陣的輕風從窗口吹進來，書齋的白色薄紗窗簾漫天翻飛，與鳩摩羅什盤腿對坐的卑摩羅叉，說到激動處總不免皺起眉頭，兩道長長的白眉毛也被風吹得四散飄動。

「受持具足戒清淨圓滿，即能了生脫死，不生不死，證得果位。」

「若不小心犯戒呢？」鳩摩羅什問。

「慈悲的佛陀傳下懺悔法門，讓眾生得以滅罪。」

「若連懺悔的機會都不可得呢？」凡事追根究柢的鳩摩羅什緊接著問。

「業──力──難──逃。」卑摩羅叉的白眉毛垂了下來，苦思了一會兒，才又揚眉道：「鳩摩羅什，將一把鹽撒入一小杯水中，這一杯水會如何？」

「那水必定是又鹹又難喝。」鳩摩羅什回答。

「同樣的，一把鹽灑入恆河之中，結果會如何？」卑摩羅叉不等他回答，繼續道：「難道恆河的味道因此就變鹹了嗎？修行人的德行，如果像恆河之水那樣廣大，小小的惡事就如鹽巴，一落水就消失無蹤。相反的，如果德行很小，那麼一點小小的惡事就會使他墮入地獄，不是嗎？」

「所以，如果能持戒清淨，勤修定慧，罪業將消失於無形！」

說到這兒，師徒倆會心一笑，一道風輕煙似地竄進來，將卑摩羅叉長長的白眉吹得老高。

* * *

純金獅子座，是專爲鳩摩羅什登壇說法而打造的；鋪上大秦錦褥，就顯得更加蓬蓽生輝。滿殿的文武大臣跪坐在側，神情莊嚴地靜候鳩摩羅什法師登壇說法。龜茲國最尊貴的大臣蹲跪在地，讓鳩摩羅什踩著他的膝蓋登上說法台。

「各位，今天要說的是『因緣』。一切事物都是依『因緣』而變化的，緣起時，事物就形成；緣滅時，事物就消失。

「每個人都想追求幸福，花費一生的經歷去求得生命的圓滿。可是，什麼是眞正的圓滿？當因緣改變時，一切都不存在了。」

年輕朝氣的鳩摩羅什法師，講經說法不墨守成規，不僅講解生動，更鼓勵聽者有問題就直接提出，不要帶著疑惑離開法堂。於是，一股活絡的氣氛在人群中流動著，有些人輕輕交談著，有些人埋頭苦思著，更有人感動得紅了眼睛。

群列的大臣中，有一個人不言不語地思索著生命的奇妙，那就是當年被逼

婚而留在龜茲國的鳩摩炎。

鳩摩炎早年生活在天竺國時，對於大乘佛法的殊勝早已心領神會，卻從沒想到有一天，會在這小乘佛教盛行的國度，再度聽到大乘佛法。更難得的是，這傳法之人竟是自己的兒子。

他環顧這些悲喜交集的人們，相信他們對生命已有更深刻的體會。而自己呢？曾經有過的年少輕狂，在歲月的磨鍊之下，早已消失無蹤。現在，他一心一意只想保護善良的老百姓，免於戰爭的威脅。想到這兒，他抬頭一望，正好與鳩摩羅什四目相視。

「孩子長大了！」沉默又剛強的鳩摩炎，閉上眼睛掩飾內心的情感。

「父親變老了！」忙著爲聽者解答問題的鳩摩羅什，也忍不住暗自感慨著。

「起起滅滅、變化無常的因緣，說明了世界上萬事萬物，都是虛幻、短暫的。這個道理，就是佛法的中心，稱爲緣起性空。

「萬法皆空，一切無相、無我、無分別，這是宇宙的實相，也是大乘菩薩所要闡揚的。」

鳩摩羅什用這句話，來做爲今天的結語，可是聽眾不僅不捨得離開，更熱烈地提出自己心中的種種疑問。討論的聲音此起彼落，像是愉快的銀鈴般，充滿了整個法堂。

鳩摩羅什俯視眾人，就像菩薩慈眼視眾生一樣，心中充滿了對眾生的慈悲。

看著每個人快樂地學習著，鳩摩羅什法師的心中也充滿了光明的希望。

＊ ＊ ＊

沉著的應對、穩健的作風，爲鳩摩羅什贏得尊敬，卻掩蓋不了天縱英才的自信神采。他遠遠地走來，偉岸的神情使旁人的眼光不知不覺地跟隨，但渾身上下聖潔的光輝，卻又令人不敢造次。

看他走來，母親的心中有安慰，卻也有身爲一個母親永遠無法割捨的擔憂。這幾天，那晚在石窟佛洞中的情景一直重複出現在她的夢中，尤其是那位羅漢的話，好像是貼著她耳朵講的一樣。

從鳩摩羅什決定跟隨自己出家的那一刻起，她就下定決心要好好保護這個孩子，直到他成就佛道。可是，身爲一個出家人，雖明白因果，又如何能逃避業力？

「你最近忙於講經，自己該做的功課呢？」

「自從卑摩羅叉大師講解《十誦律》之後，我又比較了各式的戒本，發現了一些異同。」

「說說你的心得！」

這對出家的母子，在佛殿外的迴廊上緩緩地走著。新寺的佛塔中，供養著許多高僧大德的舍利子，人們說，繞著佛殿走一圈，可以爲眾生祈福消災。

「《四分律》、《僧祇律》、《十誦律》等各部派的律法，對於一些細節問題的看法雖有不同，但基本精神是一致的。比如，若是爲了救人而犯淫戒，在《十誦律》並不算犯戒；而《僧祇律》卻以爲，修行人守戒爲第一，即使見死不救亦不爲過。」

「那麼你的想法呢？」鳩摩羅什的母親問著。

「以大乘精神來說，當然是救人爲先。」

「如果事情發生在你身上，你會怎麼抉擇？」

不知不覺地，母子倆已經走了半圈了，停下來的地方正好可以一眼望穿王宮的後花園。鳩摩羅什的弟弟與表妹白馨，站在一片花團錦簇中，笑意昂然地朝著這邊興奮地招手。

母親的臉上，浮現一抹淡然的微笑。

「想想看，當考驗出現時，你要用什麼智慧去面對？犧牲自己，成就別人，眞的做得到嗎？」

「母親？」鳩摩羅什奇怪著，母親的話中似乎另有深意。

「讓我這麼問吧！有一件事做了以後，可以幫助無數的人，對你本身卻沒有什麼利益，你願意做嗎？」

「大乘菩薩利人忘己，是理所當然的事。若能將佛法的教化廣布人間，使

被無明蒙蔽的眾生皆能醒悟，即使要上刀山下油鍋，我也無恨無悔。」

聽到這句話時，母親安慰地笑了：「我爲眾生高興，更爲你感到欣慰。這樣一來，我便可以安心地走了。」

「走？母親，您……？喔！我知道，您是否又準備要去遊方了？這次我們要去什麼地方？」鳩摩羅什一想到可以離開王城，四處去遊方度眾，就感到很高興。

「這次，是我一個人要去天竺。」

「天竺那麼遠，我不放心您一個人走，舅父也不會讓您走的。」雖然讀了那麼多的經典，也常常教導別人「放下萬緣」，一旦要和摯愛的母親分離，鳩摩羅什的心中還是難捨那份親情。

「天竺再遠，也遠不過貪、瞋、癡的境界；路途再險，也險不過墮落三惡道的因果。我都不爲你們擔心了，你們爲我擔心些什麼？人生的路，到頭來還不都是各走各的？

「我已經提醒過國王，一場無法避免的災禍就要降臨龜茲國，每個人都會

被捲入其中，大家要勤做善事多積德，才能減輕自身的業報。

「至於佛法，必須要往東方繼續傳播，大力闡揚。這個續佛慧命的工作，將會帶給你極大的痛苦，但卻能改變無數人的生命。你願意承擔這份工作嗎？」

「赴湯蹈火，在所不辭。」

「很好。那麼，我就放心了！」談到這兒，他們剛好走完一圈，終點正對著佛殿內正中央的佛像。

「那我們就在這佛像面前發願立誓。」說完，兩人伏在地上頂禮三拜，共同發下度一切眾生的大願。

08

一連串的考驗

鳩摩羅什的母親，終於離開親人、朋友，離開龜茲國，一個人前往天竺，追求更高深的修行境界。直到母親眞的離開，鳩摩羅什才徹底覺悟，從此以後，自己在修行路上必須完全獨立。再也沒有人會那麼設身處地關懷自己，也沒有人會隨時提醒自己身、口、意的行爲，更沒有人會耐心地聆聽自己的心聲……。

再也沒有人……。

暖暖的春意瀰漫了整個王城，爲了要在春天耕種，邊境諸國都依據協定暫時休兵。暫時逃離戰爭威脅的龜茲國，也籠罩在濃濃綠意中，由新寺的樓頂看出去，城外綠意盎然的景色盡收眼底。農人們汲水灌溉，吆喝著牛馬拉犛翻土，同心協力合作的歡愉聲，傳遍了草原的每一個角落。

在無限的春光中，鳩摩羅什法師一個人在書齋靜靜研讀經典。幾天前，他無意間在王宮的一個隱密倉庫中挖出許多古籍，仔細一看，都是珍貴的梵文經典。他如獲至寶地將這些經典整理乾淨，然後即毫不遲疑地一頭栽入書堆之中。

在各國遊學時所學的梵文、巴利文，初運用時覺得有點生疏，不過，在全心全意的投入之下，很快地就運用自如了。數十卷的《放光般若經》幾天內就讀得滾瓜爛熟，接著又毫不眨眼地繼續讀著其他經典。

「這是怎麼了？」一片黑影突然籠罩在鳩摩羅什法師眼前：「恐怕是太累了。」

他闔上雙眼稍做休息，不一會兒張開眼睛，發現眼前的黑影不僅沒有消失，經典的內頁更已變成一片空白。

「怎麼會這樣呢？」一邊不明所以地想著，一邊又覺得雙眼痠疼不已，整個人愈來愈昏沉。

恍恍惚惚中，聽見母親的聲音：「傻孩子，你這樣日以繼夜地讀經，可是會累壞了身子，還是丟開這些，從此逍遙去吧……。」

鳩摩羅什法師像是被催眠了一樣，搖搖晃晃地要掉進夢鄉去……。

「不！」他猛地抬起頭來：「母親從來不會這樣對我說。想到這兒，整個人清醒過來了。

聽說，修行人到了某一種境界，就會有「魔考」的現象產生，那是魔界的眾生惡意破壞有德之人修行。

「可惡的魔——」鳩摩羅什法師下定決心，打起精神，用堅定的意志「讀」著那一個字都沒有的書。終於，陰影慢慢地褪去，字一個個顯現出來了。

帶著一點小小的勝利喜悅，鳩摩羅什法師繼續讀經。剛才的一陣對峙，已經將疲倦盡掃，他又重新投入浩瀚的經文中。

可是，魔考似乎還沒過去——

「鳩摩羅什，你是大智慧之人，何須再讀這種外道的文章？你看，外面的春光是無限的好，爲何不出去走走？山巒、綠野、清溪，還有熱情洋溢的青年男女，他們都在呼喚你，等著你去唱歌、跳舞、一同歡樂……。」優柔動聽的話，從空中傳來，一吋吋地侵入耳膜中。

鳩摩羅什冷笑一聲，對著空中說：「小魔，別再浪費唇舌了，我的心就像大地那般堅定，無可動搖，你還是速速離去吧！」說完，鳩摩羅什低下頭，才

剛要繼續讀經，就聽見敲門聲「叩——叩——叩」傳來。

「別再來煩我了，否則我對你不客氣。」鳩摩羅什對著門大叫。

門外一片寂靜，過了好一會兒，門被輕輕地推開一道縫，探出一個頭來。

「表哥，有位白鬍子法師來找你，說是你的師父，叫作什麼槃、什麼頭、什麼多的……。」

「什麼？我師父槃頭達多來了？」鳩摩羅什一聽，急忙步出房門，邁開大步往前走去，表妹白馨緊跟在後：「表哥，你剛剛跟誰說話？一個人自言自語的？」

「我跟空氣說話。」鳩摩羅什急忙趕去見師父，於是加快腳步，將白馨拋在後頭：「對不起，我剛剛不是在罵你。」

說完，鳩摩羅什頭也不回地朝客堂方向飛奔前去。

「師父，」一見到久違的槃頭達多法師，鳩摩羅什立刻匍伏在地，頂禮一拜後，方被師父拉了起來。

「你離開罽賓國的時候，還是小娃兒，現在看看，已是個相貌堂堂、威儀具足的出家人了。」

「師父一點兒都沒改變，還是和以前一樣臉色紅潤，身體硬朗。」

「哈、哈、哈……。」師父爽朗的笑聲，令聽者無不感染了他的樂觀開朗。

幾天前在讀經時，鳩摩羅什法師心中起了個念頭：「大乘佛法是這麼好，槃頭達多師父卻還沒有機會領略到，眞是太可惜了，一定要找個機會去會晤師父，與他暢談大乘佛法……。」

沒想到，這會兒師父人已經在這兒了。罽賓國與這兒相距不只十萬八千里，年老的師父居然登高涉險，親自前來，莫非是有什麼重要的事？

「我聽說你領悟了非常殊勝的義理，所以來看看你。」鳩摩羅什聽了，內心微微一驚，聽師父繼續說道：「你提倡大乘佛法的事蹟，傳遍了天山南北、蔥嶺東西，這令我非常好奇，究竟大乘佛法有何殊勝，讓你如此推崇？」

「大乘佛法闡揚萬法皆空，內容廣博精深；小乘佛法自求解脫，格局小。」鳩摩羅什侃侃而談，槃頭達多大師的面色轉爲凝重。

「什麼是『萬法皆空』？佛教有八萬四千種法門，每一種都可以幫助修行人證得解脫，你卻偏偏不要，愛取那個『空』，這不是太可怕了嗎？」

聽到這兒，鳩摩羅什知道師父內心有很多意見，於是頷首不語，靜靜地聽師父抒發內心的聲音：「讓我說一個故事給你聽。從前，有一個狂人，命令織工為他織一條很細很細的線。手巧的織工果然織了一條細得像微塵一般的線，可是這個狂人卻還是覺得太粗。

「忍無可忍的織工，於是指著空中道：『哪，你的細線在這兒呢！』

「狂人一聽大喜，付給織工一筆豐富的賞金，然後捧著他視若珍寶的線歡天喜地回家了。

「鳩摩羅什，你的空就是這樣。你對於看不見的東西如此著迷，跟狂人又有什麼不同呢？」

鳩摩羅什聽了以後，沉默不語地思索著。師父的看法，正代表了當時一般人對大乘佛法普遍地不了解。他該如何表達，一來不會傷害師父的自尊，二來又能讓他明白眞正的大乘佛法？想了又想，覺得還是直話直說吧！

「師父，您說的故事雖然非常動聽，可是用來解釋大乘佛教的空義卻不恰當。」不等師父有所反應，鳩摩羅什繼續接著說：「師父所說的狂人，並沒有見到眞正的空，而只是自欺欺人的愚癡。因爲眞正的空，不是從此以後什麼都沒有了，而是徹底覺察一切如幻之後，完全放下一切執著，所產生的活活潑潑的智慧。」

一口氣說到這兒，鳩摩羅什發現師父的注意力完全地被吸引住了。於是，他放心地繼續說下去。從佛陀弟子編纂而成的原始佛教經典《阿含經》、《般若經》，到龍樹菩薩所著的大乘經典《中觀論頌》、《大智度論》等，鳩摩羅什暢談大乘佛法的精要，並對大小乘的異同加以分析比較。

「那麼，小乘佛教的涅槃與大乘佛教的涅槃，又有什麼不同呢？」

「小乘佛教徒能夠修到阿羅漢果位，證得涅槃寂靜，也是很難得。可是，他們一旦進入涅槃，就陶醉在法樂之中，不願再化世救人。大乘菩薩同樣證得涅槃，卻發願救苦救難，不捨眾生，隨緣度化。這樣的涅槃，才是眞正生死自在的究竟涅槃。」

「生死自在……。」槃頭達多大師沉吟著。

鳩摩羅什緊張地看著師父，心頭「蹦！蹦！」地跳著，不明白師父到底在想什麼？

沉吟了好一會兒，槃頭達多大師忽然微笑起來，他的笑容愈來愈深，最後仰天長笑起來。

「師父？」該怎麼辦呢？師父正大聲地嘲笑自己，既然師父不高興，不如就不要再談了……。

「好，眞是我的好徒弟，太好了。」槃頭達多大師意味深長地看著鳩摩羅什。

「師父，我不是故意要惹您生氣，我只是覺得應該先把一些觀念澄清……我……。」

「我怎麼會生氣呢？你說得很對，小乘阿羅漢雖然修持嚴謹有系統，但觀念過於狹隘，不如大乘菩薩的悲智雙運。我千里迢迢地要來說服你，沒想到卻被你說服了。聽了你的說法，我相信，大乘佛法眞的是對眾生有極大的利

益。」

沒想到自己眞的能改變師父的觀念、想法，鳩摩羅什太高興了。

「師父，大乘佛法還有很多很多殊勝的地方，如果您願意再多待一些時日，我一定詳詳細細地爲您說明。」

「好啊！」槃頭達多大師爽快地答應了。

就這樣，年高德劭的槃頭達多大師於龜茲國住了一個多月，與過去的弟子、現在的老師——鳩摩羅什，反覆切磋大乘的義理。

「鳩摩羅什，我是你的小乘師，你是我的大乘師。」他讚歎地說。

槃頭達多這樣一位聲望顯赫的大師，竟然能如此虛心學習，尊重年輕一輩的想法，這證明了他眞是一位名副其實、值得敬重的大修行人。

09 風雲變色

西元三七八年（前秦苻堅建元十三年），首都長安建章宮內。

「太史，您看今晚的星相如何？」

「啓奏陛下，臣觀察西北方一顆不知名的新星，已有好幾個月的時間了。臣發現，它每天都朝著東方慢慢地接近。」

「這代表著什麼呢？」苻堅仰著頭問。

「依據星相書的記載，這是有德之人即將前來的象徵。」

「有德之人？姚將軍，依你看，這有德之人是誰？」

「陛下所統治的國土教化風行、人才濟濟，有德之人多如滿天繁星。」受到苻堅信任的將軍姚萇，說話一向懂得國君的心理。

「哈、哈、哈……不過，依朕看，這眞正有德之人卻是只有一位，朕想把他找出來。」

「那麼，陛下心中已經有底了？」

「聽說西域有位鳩摩羅什法師，不僅上知天文、下知地理，對於佛法更是造詣精深。我很早就想把他請到我國，幫助我治理國家。」

「陛下，您雄才大略、英名蓋世，又有我、呂光將軍、竇衝將軍等人爲您開疆擴土，何需千里迢迢去請什麼法師？」

「這你就不懂了，統治一個國家，光靠武力是不夠的，還需集思廣益。」

「太史，朕剛想著鳩摩羅什法師，西天就出現這麼一顆星，你說，這不是太巧了嗎？難道他眞的是那有德之人？」

「陛下，究竟是不是，找來不就知道了嗎？」太史公說。

正說到這兒，將軍呂光大步走了進來。這位呂光將軍向來草莽氣息濃厚，說起話來粗聲粗氣，和溫文儒雅的姚萇一向不太合得來。

「呂將軍，您來得正好，我們正在觀星論理，您也來一起討論吧！」姚萇說。

「觀星？」呂光看看星空，沒興趣瞪了姚萇一下，連話也懶得跟他說。

「陛下，臣連夜趕來報告邊境戰況，匈奴被咱們趕跑了以後，已經轉往騷擾西域諸國。西域產鐵礦，若是讓匈奴人占領了，對我們是大大不利，您看咱們要不要先下手爲強？」

「這……姚將軍，你說呢？」

「這幾年來，西域的車師、龜茲、烏耆等國都不斷遣使入貢，希望我們能幫助他們抵抗匈奴。臣以爲，派兵西征需以保護爲原則，而不是侵略，否則就跟蠻族沒有什麼不同了。」呂光一向不愛聽姚萇咬文嚼字，故作風雅，對於他的意見更是聽而不聞。

「說的極是，呂將軍，朕就命你去整軍。」

「陛下，呂將軍這一去，正好可以請回鳩摩羅什法師。」

「鳩摩羅什？」呂光不解地問道：「這是怎麼一回事？」

「呂將軍，西域龜茲國有位佛教大師，名爲鳩摩羅什。他是朕要找的人，你若眞能攻入龜茲，不可破壞他的國家，只要將他立刻帶回即可，我要他幫朕治理天下。」

「陛下，您說的話我聽不太懂，什麼發兵打仗只爲了帶回鳩摩羅什法師？這個鳩摩羅什眞有那麼偉大嗎？您是不是又聽了哪個嚼舌根的話？我雖不愛念書，但『師出有名』這句話還聽過，這打仗的目的，您教我該怎麼對那些出生

入死的弟兄們說呢？」

「呂將軍，您言之差矣！請您抬頭看看西北天空，那顆不知名的新星，正說明了一切都是天命。」姚萇這時插進話來。

「我才沒心情看什麼星星。」說完，呂光吹鬍子瞪眼睛地走了。

姚萇在一旁尷尬地笑笑，苻堅打圓場道：「呂將軍是一時氣話，他的脾氣相信你也明白，你就當是君子不記小人過。」

「不敢，呂將軍對陛下忠心耿耿，天可明鑑，是大家公認的好漢。」

「若是論氣度，可又差你一截了。」

說完，君臣倆相視一笑。

氣呼呼的呂光將軍雖然不贊同苻堅的作爲，但君命難違，還是積極地整軍待發。西元三八三年（前秦建元十八年），他終於領著七萬大軍直奔西域沙場。

＊＊＊

短暫的春天結束了，紛亂的西域情勢，因爲秦國的加入，戰事更加複雜難明。而前秦皇帝愛才的心願，因爲執行者呂光將軍的不當，造成了車師、龜茲、鄯善等國的災難，這是始料未及的……。

「這下好了，求援不成反而引狼入室，沒想到秦國如此喪盡天良，居然派兵來攻打我們。」龜茲王白純神情委頓地說著。

「國王，還沒到放棄的時候，我們還有機會，千萬不能自亂陣腳。」大臣白震鎮定地說：「鳩摩炎已突破重圍，前去溫宿、尉頭等國請救兵，只要救兵一到，內外夾攻，必可將秦軍一舉殲滅。」

「唉！怎麼會這樣呢？城外的情形又如何呢？」

「秦軍五里爲一營，深溝高壘，壘上站滿了士兵，看起來很是嚇人。其實，我昨夜派人偷偷地察看，發現眞士兵中夾雜著木人，完全是虛張聲勢。國王，您別擔心，秦軍再勇也不過三、四萬的人數，與我軍七十萬的後援比起來，根本寡不敵眾。」

「那就好，那就好。對了，鳩摩羅什呢？請他立刻前來共商國事。」

過了一會兒，鳩摩羅什法師被請入殿。

「姪兒，你不是精通星相算術？現在就算算，怎樣才能打贏這場仗？」

「國王，國家大事有父親和舅父掌管，出家人不宜涉入。」

「不管怎麼說，你還是龜茲國人，更何況你還是王族呢！什麼都不要再說了，現在是集思廣益、眾志成城的時候，如果不能把敵人擊退，我難消心頭之恨……。」

「不論誰勝誰負，總會有人傷亡，一夜之間不知又多了多少生離死別，這種情況之下……。」

「好了，現在不是講慈悲的時候。戰爭是殘忍的，如果不能將秦軍擊潰，我滿城的老弱婦孺都將受到凌虐，你願意看到這樣的情況嗎？」說到這兒，白純氣憤地重捶桌子。

周圍的人聞言，也都感到既辛酸又恐懼。

「如果眞要我說，那我就說。只有開啓城門讓秦軍順利進城，才能拯救滿城婦孺，將傷害減到最低。」鳩摩羅什跪在地上，冷靜地說著。

「閉嘴！你要我不戰而降？」白純國王震怒地說著。

「賢姪，你父親已去請救兵，咱們兵力強大，武器充足，沒有失敗的理由。」白震也勸慰著鳩摩羅什。

「秦將呂光將軍率七萬大軍，經過流沙地、大旱地，又遇大雨侵襲都不退兵，可見他的意志堅強，不達目的絕不罷休。他進入西域，沿途諸國都不戰而降，以豐厚的供養來滿足他的野心。現在到了龜茲，我們反而以武力相迎，他必定會起大怨憎心。

「攻得愈久，怨恨愈大，到最後若攻得進，必定大肆報復；若攻不進，也會選擇同歸於盡，最後兩敗俱傷。國工，呂光將軍現在就像一個失去理性的屠夫，我們應該要盡量安撫他，而不是再去激怒他啊！」

「要我去迎合一個屠夫，我辦不到……。」龜茲國王白純緊握拳頭，憤恨地重捶著桌子，那巨大的響音，一聲聲地撞擊著每個人的心，撞得人心頭好難過，簡直快透不過氣來。

「鳩摩炎將軍就要回來了。」一名士兵突然衝進來，所有人都高興起來，含淚相望。

「在……在城外和秦軍打起來了。將軍……要我回來……通報，請……城內做好準備，隨時……接應援軍。」這名傳令兵好不容易氣喘吁吁地把話說完。

一聽到這個好消息，所有人都振奮起來，白震立刻調度衛將面授機宜，並不斷派人前去探望軍情。

「城外的百姓全部撤入城內了嗎？」將軍白震問道。

「全部在我軍的重重保護之下。」屬下回答。

看著眾人忙碌地奔走，鳩摩羅什法師默默地走回新寺，於佛殿繼續拜佛，爲這場戰爭中的每一個人祈福。

10 薄桃酒悲歌

鳩摩炎從溫宿、尉頭等國帶回的七十萬援軍，發揮了強大的威力，王城外的殺伐聲終日不斷，聽得人心惶惶。援軍雖然驍勇善戰，人人善於騎射，但對於陣法不熟，一開始雖以人海戰術將秦軍衝得七零八落，但秦軍見到寡不敵眾的情勢，立刻將分散的陣營集中，以精銳部隊突破封鎖。

西域人善單打獨鬥，不善集體作戰，一見秦軍一鼓作氣地回擊，馬上就心虛失了勇氣。

援軍原是各國的組合，如今一見戰敗的跡象出現，都紛紛尋找退路。其實，援軍未敗，卻註定了要敗，鳩摩炎雖有心要重整軍隊，無奈軍心潰散地如此快。

秦軍雖然人數少，但人人都不想死在異鄉成爲無主孤魂。所以，當援軍像一把沙子似地散了時，秦軍卻更加意氣風發，緊捉住勝利的機會乘勝追擊。

幾天下來，援軍人數一直在減少中，而秦軍卻愈戰愈勇。

龜茲王等人坐在宮中焦急地等待消息，從白天等到黑夜，大將白震進進出出地報告軍情，裡應外合。鳩摩羅什法師雖然也被請到宮中共商國事，卻一直

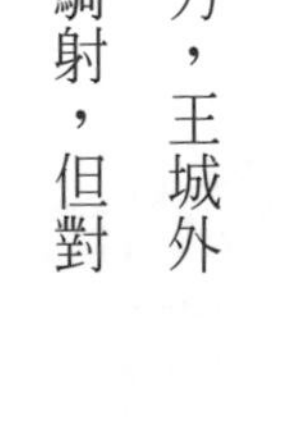

靜靜地在一旁打坐，不言不語。

「國王，將軍要我來告訴您，他說……說……。」通報的士兵顫抖地說不出話來。

「說什麼呀？你快說！」國王生氣地道。

「別急，慢慢說，說清楚。」白震以溫和的態度勸慰著。

「他說，大軍潰散，王城不保，請國王殺出重圍，與援軍聚合，將來找機會反攻。」

「什麼？要我棄守？」白純一聽，整個臉色發白，全身癱在椅子上，眾人急忙扶起他。

「國王，您年紀大了，禁不起這般折騰，還是讓我護送您出城吧！」白震顫聲地說著。

「怎麼會這樣？」國王神情茫然地說著：「建立了數百年的王國，如今，一夕之間就要被摧毀。無法保護龜茲國，我實在太無能了，愧對天地、列祖列宗，更愧對人民……。」

「國王，您若現在出城，將來還有機會回來補償；若死在城內，就永遠沒有機會了。這裡的事，交給我們來處理，您放心地去吧！」一直默默不言的鳩摩羅什法師，這時也走到國王身邊，輕輕地勸慰著國王。

「鳩摩羅什，你說，龜茲國會不會亡國？」

「生、住、異、滅是宇宙進行的法則，世界上沒有一個國家是永恆存在的。只要您保重身體，龜茲國的子民會等待您回來繼續執政。」

鳩摩羅什扶著國王白純站起來，走到窗邊往外看，熊熊戰火掩蓋不了黑夜星空的閃爍光芒。一顆顆晶亮的星子，好像正說著智慧的話語想點醒人間，可惜，活在殺戮中的世人卻一句都聽不懂。

「唉！爲什麼要戰爭？本分地過日子，不是很好嗎？戰爭帶來那麼多不幸，世人卻還是不能覺醒。」白純說完，苦笑道：「我回去了。」

「大哥，您？」白震心中隱隱約約有不祥的感覺。

「我先回房休息，天亮時叫醒我，我會聽你們的話出城去的。」說完，白純拖著年邁的步伐，堅持一個人走回房。

所有的人徹夜未眠，都在等待最新的消息。

天濛濛亮時，城門終於被秦軍擊破了。

白震的心整個灰了，木然不語地看著窗外的天空。不一會兒，宮外傳來淒漓的喊聲。

「國王……國王……一個人單槍匹馬地攻出去……，已經被亂箭射殺……。」士兵衝進來通報後，宮外傳來更慘烈的喊聲。

「秦軍大開殺戒了，我們快想辦法……，」鳩摩羅什對著白震說：「將軍，我們一定要阻止他們……。」

＊　＊　＊

西元三八四年（東晉孝武帝太元九年），呂光攻打龜茲的大戰終於停止了。

大開殺戒的秦軍，斬殺了數萬顆首級，斬得人人手都麻了才肯罷手。

戰後的龜茲臣民爲了保命過日子，不得不對著敵人扮笑臉，服侍他們尋樂。

「聽說你們的薄桃酒舉世聞名，還不快去取來讓我們喝個痛快？」嗜酒如命的呂光吆喝著。

「是、是，去地窖裡將陳年的薄桃酒都拿來。」

「順便把那些能歌善舞的姑娘們都請來，與本將軍同樂。」

「那就請小女爲將軍獻唱一曲。」白震陪笑道。

「哈、哈、哈……你很識相，本將軍就封你爲龜茲王。」

「謝謝將軍，恭敬不如從命。」白震道。

趁著呂光興致高昂，白震招進龜茲國最美麗動人的歌伎，讓一夥秦兵看得眼花撩亂、迷迷醉醉，溫柔的歌聲彷彿耳邊細語般，讓這些長年出兵打仗的軍兵將士，都軟化了鐵石心腸，爲之神馳蕩漾。

「眞好聽……歌聲好，好啊！」大夥起鬨拍手叫好。原本一首〈薄桃酒之歌〉描寫的是物富民豐的歡樂場面，可是在這個時刻唱出來，卻宛如悲歌似

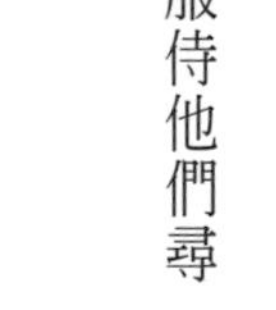

的，令人心痛。

「痛快、痛快，」呂光銅鈴般的雙眼，落在鳩摩羅什法師的身上：「鳩摩羅什，你怎麼都不喝呢？」

白震一見情勢不對，連忙搶過酒杯，道：「將軍，出家人是戒酒的，不如就讓我代爲敬酒。」沒想到呂光一聽，馬上就露出一個詭異的笑容：「喔！原來出家人是戒酒的——」

說完，參軍杜進靠過去，在呂光的耳邊嘰嘰咕咕不知說了什麼，他露出狡獪的微笑，道：「今天大夥兒這麼盡興，你也就別戒了，陪我們喝兩杯吧！」

由於秦王苻堅與大將姚萇對於鳩摩羅什法師讚譽有加，總說他是什麼「有德之人」、「稀世之寶」，沒想到年齡四十出頭的他，看起來只是個眉清目秀的年輕人。呂光內心的輕視之意，毫不客氣地表現出來。

加上參軍杜進在一旁進讒言，說什麼皇上與姚萇現正舉兵南下，一統江山，而呂光將軍與弟兄們離鄉背井、出生入死，以後可是什麼好處也分不到。耳根子軟的呂光受到煽動後，對於鳩摩羅什法師就更加氣憤，於是存心要好好

地折磨他，出一口惡氣。

對於呂光的心態，鳩摩羅什雖然也很明白，但一時間卻無法化解，為了顧全大局，也只能默默地忍受。

白震輕輕地拉著鳩摩羅什的衣袖，輕聲道：「賢姪，你就委屈一點……。」

「我知道。」鳩摩羅什忍痛舉起酒杯，仰頭一喝。從沒喝過酒的他，一下子就不勝酒力，全身像個發脹的氣球輕輕飄飄地。

「鳩摩羅什，既然你連酒都喝了，也別再裝得一副自命清高的樣子。這樣吧！本將軍今天心情好，就作個現成媒人，將你跟公主配成一對，如何？」參軍在一旁起鬨：「是啊，是啊！」

「什麼？萬萬不可，我……。」鳩摩羅什一站起身，頓覺天旋地轉，他苦苦地力辭，呂光卻嘲笑道：「鳩摩羅什，別再裝了，你父親鳩摩炎不也是被人逼婚，才會生下你，難道你自認德行比你父親高嗎？別再囉唆了，否則我把你們通通殺掉。」

呂光拉下臉來，露出殘酷的面目，命人將鳩摩羅什法師與公主綁在一起，草草地完成了婚禮，然後推進一間密室中幽禁起來。

就這樣，完成了兩個人的終身大事。

11 遠離家園

「去，去把鳩摩羅什找來。」

住在龜茲國轉眼也已經數月了，一夥人早就窮極無聊，一早看到呂光悶悶地坐著，參軍杜進又想找個新花樣來逗逗他。

吃遍山珍海味，遊遍各地，呂光等人最喜歡的遊戲之一，還是找鳩摩羅什的麻煩。

「鳩摩羅什，我們將軍剛得了一匹天山好馬想要送給你，你來騎騎看吧！」

「這……這……那我就先道謝了！」不知道他們又在玩什麼花樣，鳩摩羅什還是硬著頭皮答應了。他一走近馬兒，大家就遠遠地閃開，躲在一旁竊竊偷笑。原來，這根本不是什麼天山好馬，而是從草原上圈回來的野馬，生性狂野難以馴服。

一聲尖銳的嘶吼，劃破天際，鳩摩羅什拉緊韁繩，雙腿夾緊馬腹，還是控制不了東跑西竄的馬兒，牠一會兒仰天長嘯，一會兒猛踢八方。過不了幾秒鐘，他就從馬背上重重摔下來。

「嘻……哈……嘻……。」圍觀的人都像看丑戲似地捧腹大笑。

鳩摩羅什狼狽地爬起來，拍拍身上的泥土，用手按住疼痛的部位，好像沒事似地一跛一跛走回來。呂光與杜進看到鳩摩羅什「劫後歸來」的拙樣，也笑出眼淚來。

「將軍，這匹馬太野了，還是把牠放生吧！」

「不急、不急，馬廄裡還有兩匹野馬、三隻蠻牛，都要請你試試……。」

像個丑戲的主角站在舞台中央，鳩摩羅什拍拍手上的灰塵，陪著眾人一起笑著。

看到這一幕，坐在高台上的呂光突然臉色一變，停止了笑聲。他大聲喝道：「讓他回去吧！」

呂光話一說完就大踏步地離開，眾人則是一哄而散。

喝烈酒、騎劣馬、尋歡作樂，這些鳩摩羅什都不怕。

任何遊戲都有玩膩的時候，這才是鳩摩羅什最害怕的事。

「所有的苦，讓我一個人來承受就好了。」

當呂光不傳喚自己的時候，他就一個人在新寺外的迴廊上，一圈又一圈地走著，一遍又一遍地思考著：該如何做，才能讓龜茲國的百姓遠離痛苦，重新生活？

「法師，聽說呂光又整您了？」公主突然從後面冒出來。

「這可惡的呂光，死後一定下地獄。」她氣憤地說。

「別這麼說，他自會受到果報，我們不要隨便造口業。」鳩摩羅什嚴肅地說著。

「奇怪，我總想不通，他爲什麼那麼愛整您？他跟您有仇嗎？」

「這可能是宿世的因緣吧！不過，表面上我是受了很多氣，可是我的內心卻很自在。但那呂光，看起來呼風喚雨、很神氣的樣子，實際上，他的良知卻被無明所籠罩著，才是最可憐的人。」

「就算這樣，也不值得同情呀！」

「每個人都有許多身不由己的痛苦，都值得同情。」

「這我倒是能體會，比如您被迫與我成親，就是身不由己……。」一時話

溜出嘴，公主不好意思地泛紅了臉。

鳩摩羅什默默地走了一段路，才又開口道：「是我業障深重，連累了你。不過，等我離開以後，你可以開始新的生命……。」

「等等……表哥……不、不、不，」一急之下叫錯了稱謂，連忙改口道：「法師，您要離開？」公主著急地問。

「佛教是從天竺傳來的，現在西域諸國都已經有完整的佛法了，這是先人智慧心血的累積才有的成果。我母親曾經交代我，要將佛法朝東土傳去，續佛慧命，我早就答應她……。」

說到這兒，他苦笑地搖頭道：「這一次呂光的大軍會到來，引起這麼大的災難，有一半的原因也是爲了我。我即使用盡餘生來弘法，也沒辦法贖罪……所以，我要盡力地去勸呂光班師回朝，而我也會跟他們一起走。」

「法師，您這一去，是不是永遠不會再回來了？」公主說著說著，就流下不捨的淚來。

鳩摩羅什法師笑笑，仰望天空，道：「爲了到中國弘法，一切的犧牲都是值得的，你說是不是？」

公主想了一想，終於破涕而笑，道：「法師，以後我也要好好學佛，才能像您有這麼豁達的心胸。」

「你的善根深厚，一定會有很好的成就的。」

＊　＊　＊

又過了數月，趁著眾軍士們思鄉情緒漸濃，鳩摩羅什終於說服了呂光班師還朝。所謂「請神容易送神難」，呂光一群人臨走之際，不忘搜刮民財，舉凡珍奇異獸、寶石美玉，足足用兩萬隻駱駝才載得走，另外還有萬餘頭的駿馬也被帶走。

秦軍這一趟來，像蝗蟲過境一樣，將龜茲國內搜刮一空，臨走還將鳩摩羅什法師帶走，等於是將全部希望都帶走了。眼看著冬天就要到來，百姓們都欲哭無淚，無語問蒼天。所幸，草原兒女生性強韌，意志力堅強，在鳩摩羅什的

祈福之下，個個打起精神，準備重新開始。

坐在囚車中的鳩摩羅什，心中十分明白，這一次遠離家園，恐怕再也沒有機會回鄉了。他在心中虔誠地祈求佛菩薩，保護龜茲國善良的百姓，不再受到無情的凌虐。

車隊走了幾里後，在天黑前停下來紮營，鳩摩羅什也才能下車伸展身子。他一看紮營的地方，再看看天空中雲層的變化，不覺一陣心驚，連忙走到呂光的帳外——

「站住，將軍已經休息，不可進去打擾。」守衛的士兵手執長矛抵著鳩摩羅什。

「這位大哥，我有很重要的事，一定要稟告將軍，請讓我進去。」

士兵不聽請求，將鳩摩羅什推倒在地，撞翻了旗竿，弄出很大的聲響。不一會兒，參軍杜進從帳內走出來，粗聲粗氣地道：「鳩摩羅什，你到底有什麼事？把將軍吵醒了，可有你的瞧了。」

「杜參軍，請您轉告將軍，今晚會有大雨引爆山洪，不能駐紮在山邊，一定要移到高地去。」

「胡說！你看看這種天氣會下大雨？你騙我們是三歲小孩？還不趕快滾！」杜進說完拂袖而去，留下鳩摩羅什在原地著急。他到處拉人，要大家往高地移動些，卻被當作是瘋子，將他趕走。眼看天愈來愈黑，遠方的雲層也愈來愈厚，他只好隨時保持警醒，不讓自己睡著。

果然，到了半夜時，雨滴答滴答地下來了。剛開始還是小雨，大夥兒不以爲意，沒想到一轉眼的工夫雨勢轉大，轟轟的雷聲直劈得人耳根發麻。當所有人從睡夢中驚醒時，雨勢已經淹到膝蓋那麼深了，還好鳩摩羅什已經事先勘察好地形，呼喚著大家跟著他走。可是不願意聽他指揮的人也很多，許多人沒命地往外跑，根本失去了方向感。

洪水毫無止盡地傾洩下來，將那些來不及逃跑的人畜沖走，鳩摩羅什引著眾人，逃到附近高處一個巨大的石穴中暫時躲避。參軍杜進擁著將軍呂光，也在最後關頭擠進來，鳩摩羅什看大家都平安無事，才鬆了一口氣。

第二天，天一亮時，雨也停了。大水來得快，去得也快，回到昨天的營

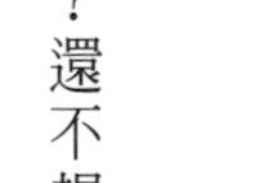

地，只見人畜死屍遍地，算一算有數千條人命因而喪生。

正當鳩摩羅什法師暗自感嘆未能救這些人的命時，呂光將軍等人，卻只爲了自己的劫後餘生而洋洋得意。

「哈、哈、哈……鳩摩羅什，沒想到你果然是神機妙算，以後你就跟著我的座騎，不要離我太遠。」

「將軍，這沒什麼，只是沙漠中的一些基本知識……。」鳩摩羅什話才說到一半，呂光根本沒有耐心聽完，早就指揮大軍繼續前進。

就這樣，一行人繼續往前走，一直走到涼州才停止。

＊　＊　＊

西元三八五年（東晉孝武帝太元十年），呂光的大軍返國行程來到涼州時，聽說苻堅於淝水之戰大敗的消息，個性耿直的呂光馬上就想躍馬奔去救援秦王苻堅。但是生性狡猾的參軍杜進，卻用讒言將他勸阻了：「將軍，您這樣

急急忙忙地回去，剛好跳進姚萇的圈套，被他來個甕中捉鱉。不如咱們多觀望些時日，待情勢明朗再說。」

在戰場上，呂光也許是個英雄，但關於政治的城府，他卻不如姚萇。聽了參軍的話，他半信半疑地留下來觀望，只是一顆心總是忐忑不安，好像有什麼不祥的預感。

一天深夜，鳩摩羅什聽見一聲淒厲的哀號。他出來時，看見呂光從營帳內衝出來，然後停在廣場上，身體抽搐著，慢慢地倒下來。

參軍、侍衛等人一步步接近他，卻沒有人敢鼓起勇氣來安慰他。

「怎麼回事？」

「皇上沒了……。」

「如何沒了？」

「被姚萇那奸賊害了……。」

一顆忠臣良相的赤子之心，呂光還是有的，那痛苦的哀號，表達了他內心的哀痛。連著三天，他命令三軍縞素，親自披麻帶孝，爲苻堅舉行國喪之禮。

「將軍，事情到了這個地步，您也不能再只是個『將軍』了。姚萇那奸賊已經於長安正式登位，自稱萬年秦王，以後他就可以名正言順地出兵攻打我軍。」

「以我呂光的威名，看他敢不敢來……。」

「現在姚萇的勢力很大，眾人都相信他是秦國的正統……。」

「如果他敢來，我就將他碎屍萬段……。」

「如今要與姚秦對抗，只有一個辦法……將軍功高厥偉，具有帝王之相，聖人之尊，不妨自己做皇帝。如果皇上還在世，也一定會贊同您的作法啊！」

呂光聽了杜進的建議，於涼州立國，自稱文昭皇帝，立其子呂紹爲太子，史稱「後涼」。他並立誓要攻回長安，將姚萇的僞秦國消滅。

此後幾年間，呂光的後涼與姚萇的後秦，一個在涼州、一個在長安，各自建立自己的勢力，攻城掠地，在外交、國力、政治上一爭長短。

然而，局勢混亂的時代，並不容許他們一對一單挑。事實上，當時中國境內除了南方的晉國外，還有後燕、西燕、北魏，以及夾在姚萇與後涼之間的西

秦、前秦的殘餘勢力等，這些國家勢均力敵，數十年交互相攻，直到同歸於盡。

因爲輔佐呂光有功的參軍杜進，也爬上了高位，被封爲輔國將軍，享受到權勢榮耀的滋味。只是當了沒幾個月的將軍，因爲在涼州城的聲勢過高，呂光擔心他會謀反，於是藉機判了他死刑。

用盡心機得了一場榮華富貴，卻宛如過眼雲煙，來去匆匆，眞叫人感嘆！

12

最愉快的時光

呂光既無心弘揚佛法，又不肯放鳩摩羅什大師離開，千里迢迢來到東方的大師，無奈地被軟禁了起來。在政治情況不明，戰事頻繁時候，大師只好韜光養晦，靜觀世事變化，等待時機到來。

還好在這段時光中，一個意外旅客的到訪，帶給他許多安慰。那是長安城比丘僧肇，於西元三九八年（東晉安帝隆安二年），獨自一人來到姑臧跟隨大師。

「鳩摩羅什大師，我們在長安聽說您已經到了涼州，都興奮地期待著。但是我……我實在等不及了，於是就收拾包袱連夜趕來。」僧肇說完，不好意思地摸摸頭。

「你來找我，我實在太高興了。因爲在這個地方，可以談佛法的人不多，以後我們可以好好地相互切磋。」鳩摩羅什大師好像見到了久違的朋友一般，開心地笑著。

這位僧肇法師雖然年紀輕輕，可也不是簡單的人物。他未滿二十歲時，就以才思敏捷、善於談辯而名滿長安城。更難得的是他出身貧苦，根本沒機會受

正式的教育，所有的學問，甚至連艱深的佛學，都是刻苦自學而來的。

這也是爲什麼他總是比別人更加努力，抱著「朝聞道，夕死可以」的求道精神，不僅長安的名士宿儒對他讚譽有加，連鳩摩羅什大師都非常佩服他的精進。

＊　＊　＊

西元三九三年（東晉太元十八年），長安的姚萇去世了，享年六十四歲。臨死之前，他夢見前秦苻堅手執長矛前來報仇。猛然驚醒後，對於自己的一生幡然悔悟，於是將太子姚興召至床前交代遺言，道：「我對於自己所造的惡業感到很痛苦，但是現在已經沒有機會補償了。我希望你能夠以仁撫養骨肉，以禮對待大臣，做事誠信，廣施恩德，這樣可以讓我稍微心安。

「另外，龜茲國的鳩摩羅什法師還在呂光的手上，你要想辦法把他接回來，弘揚佛法，供養三寶，以彌補我過去的錯誤。」

當姚萇的死訊傳到涼州時，長年東征西討的呂光，早也體會到風燭殘年的悲涼，對於敵人的死訊只是淡淡一笑，並沒有表現得太興奮。

五年後，也輪到呂光走了，一世的風光全部歸於塵土。他死後的第五年，宮廷發生嚴重的內鬥，王位先後傳了呂紹、呂纂、呂隆，最後被姚萇的兒子姚興所滅。

後涼王國像是一顆小小灰塵，在歷史的洪流中，泯然無跡地隨風而逝。

西元四〇一年（東晉安帝隆安五年），受困涼州十六年，年已五十七歲的鳩摩羅什大師終於脫身，被姚興以國師之禮，在僧肇法師陪同之下，恭迎至長安，一齊住進逍遙園中。

* * *

後秦皇帝姚興，從小就對學佛滿有興趣，加上父王臨終的殷殷囑咐，於是發願要好好地推行佛教，造福百姓。

鳩摩羅什大師一進逍遙園，姚興就拉著大師的手，進入藏經閣，拿起過往所翻譯的經典與大師切磋討論。

「大師，您看看這譯本有什麼問題，爲何我每次捧起經書，總覺得……覺得……。」

「味同嚼蠟？」

「正是。不只這樣，您看這一段，我覺得好像……好像……。」

「不太對勁兒？」

「還有這一本，我從頭到尾看了好幾次，總還是覺得不得要領，似乎……。」

「隔靴搔癢？」

「大師，您的神通如此了得，我要說的話您都猜到了。」姚興睜大眼睛，驚奇地問著。

「這不是神通，是常理。不好的翻譯作品，就像將一口嚼過的食物餵給別人，不僅味道盡失，更是令人作嘔。」

「大師說的對極了，那應該怎麼做呢？」

「只好一本一本重新讀，一本一本重新校對，甚至重新譯過……。」

看著鳩摩羅什大師堅定的神情，姚興的內心不禁肅然起敬。

「那就，有勞大師……」他誠懇地說。

從那天起，姚興與鳩摩羅什大師一個手持譯本、一個手持梵本，徹夜討論的身影，經常出現在逍遙園中。

* * *

長安城主要的譯經場共有兩處，即是西明閣與逍遙園。這兩個地方，因爲鳩摩羅什大師的進駐而佛光普照，吸引了許多高僧大德。除了一直隨侍在側的僧肇外，還有僧叡、道生等八百位，甚至連當時著名的廬山慧遠大師，都曾數度與鳩摩羅什大師通信，往來討論了許多佛法修行心要。

譯經場的日子，是鳩摩羅什大師一生中最愉快的時光。每當一句梵文，經

過主譯解釋、筆受記錄、校對無誤後，用清澈的漢音誦出時，那種成就的喜悅眞是無與倫比。

尤其看到三千僧眾，或是奮筆疾書、勤於筆記，或者爲了一句經文的疑難而辯得面紅耳赤，鳩摩羅什大師都因爲佛法的傳承後繼有人，感到滿心欣慰。

「師兄，您的筆記可不可以借我參考一下？」只見擔任筆受的僧肇法師，正滿場跟人借筆記。原來鳩摩羅什大師譯經時，往往爲了一句經文原意，講解了好幾個時辰，這些開示都是校對的重要資料，也可以整理集結成疏文。

「關於舊譯《妙法蓮華經》卷五〈受決品〉中的『天上視世間，世間得見天上，天人世人往來交接』這一句，各位有何看法？」鳩摩羅什大師問。

「我認爲這句不夠典雅，」僧叡法師道：「如果改爲『人天交接，兩得相見』，是不是更好？」

「很好，就這樣改。」鳩摩羅什大師滿意地點頭，很歡喜地接受弟子的建議。

進入長安後第一年，鳩摩羅什大師就譯出了《禪經》、《無量壽經》、

《彌勒成佛經》、《思益經》等；第一年，譯出《大品般若經》三十卷。此後每一年，他都有質量俱佳的譯作，如《大智度論》、《妙法蓮華經》、《梵網經》、《中論》、《十二門論》、《成實論》等。

歲月的風霜雖然寫在鳩摩羅什大師的臉上，不過長年忍辱負重的生活，磨出他一片慈悲柔軟的心地。在譯經場中，神情朗徹、傲岸出群的大師，不僅令三千僧眾折服，他譯文的精確、解經的高妙，更是令人歎爲觀止。

13 出水青蓮

由於德威並俱，鳩摩羅什大師一時之間成爲長安城內聲望最高的人。當人們對他的尊崇似有若無地勝過皇帝姚興時，可想而知的危機，也就跟著來了。

雖然姚興本人對鳩摩羅什大師也是讚譽有加，但是他對權勢、地位的不安卻更強大。在旁人的慫恿下，姚興想出了抑制大師的計謀。

「大師，您的聰明才智，眞是舉世無雙……。」姚興突然來訪，與鳩摩羅什大師親切地並肩坐著說話。

「哪裡，皇上過獎了。鳩摩羅什只是一個凡夫，有幸能領略到法喜，將佛法繼續傳播下去，這是諸佛菩薩的垂愍。」鳩摩羅什大師謙虛地道。

「佛法當然要靠大師傳承，不過，您能傳下的不只有佛法……。」

「皇上，您的意思是……。」鳩摩羅什大師一聽，立即從座位上起身。

「別緊張，坐下，坐下。」姚興將鳩摩羅什大師拉回座位上，才繼續道：

「我聽說大師在西域曾娶過親……。」

鳩摩羅什大師一聽到這兒，連忙打斷道：「那是被迫不得已的……。」

「唉！大師，您豐富的學識、深厚的涵養，即使每天從早到晚講經說法，

直到歿世，還是講不完的。您想想，跟隨您修行的人那麼多，您忍心讓他們沒有老師、沒有佛法嗎？」

「皇上……。」

「如果您生出十個、二十個像您一樣優秀的後代，那麼法脈、血脈都可以傳承下去，不是兩全其美嗎？」

聽到這兒，鳩摩羅什大師的內心完全明白了，脖子架在刀口上，容不得自己說不。

「我已經爲您蓋好一棟華宅，另有十個嬌妻美妾，正在新家等著您。大師，從今天起，請您不用再住在僧坊裡了，朕爲您準備了更豐盛的供養，要什麼只管吩咐一聲。」

鳩摩羅什大師聽到這兒，內心有難以言喻的悲痛。痛的，是君王的無知；痛的，是造化弄人；痛的，是不可知、不可說、不可思議的業力，像影子般緊緊跟隨……。

既然註定要承受一切苦痛，那就勇敢地承擔吧！那痛楚，像眨眼一樣迅速，過去之後，就不再有什麼感覺，他微微一笑，道：「既然皇上如此費心安排，鳩摩羅什自當領受。」

＊ ＊ ＊

自從依了姚興的意，化去他的疑心後，鳩摩羅什大師反而更能放手去做弘法譯經的事業，在長安城，學佛修行一時蔚爲風氣。

這一天，來了一個好久不見的老朋友，那是當年爲自己傳戒的卑摩羅叉大師，遠從西域來會面。

「弟子不知師父到來，未曾遠迎，眞是太失禮了。」雖然貴爲國師，鳩摩羅什大師一見傳戒師父，還是馬上匍伏在地頂禮。

「快起來，我雖然是你的傳戒師父，不過你比我強多了。一進長安城，聽見人人都在談論鳩摩羅什大師，語氣中充滿了敬畏，眞是令我太高興了。」

鳩摩羅什與卑摩羅叉兩人，聊起故國的風俗舊事，都開懷地笑著。知道龜

茲的親人、故友都好，百姓也重新生活，大地恢復生機、一片欣欣向榮，鳩摩羅什大師感到非常欣慰。

說著說著，卑摩羅叉大師問道：「你與漢地如此有緣，不知道傳法弟子共有多少？」

不知道鳩摩羅什曾經兩次被逼親的卑摩羅叉大師，渾然不覺地提出這個問題，鳩摩羅什也只能感嘆地回答：「鳩摩羅什業障深重，雖然有三千徒眾隨我修行，但正式的傳法弟子卻一個也沒有。」

說完，他將事情的原委一五一十地說給卑摩羅叉大師聽，大師才恍然大悟這一段因緣。想起數十年前爲鳩摩羅什說戒，彷彿有先兆似的，直覺得一切的因緣眞是太不可思議了。

關於姚興的賜婚，竟也產生許多負面的影響。一些不肖的僧人，就以鳩摩羅什大師爲例，也在家中蓄養妻妾，做出一些不倫之事。

有一天，鳩摩羅什大師正在說法，一群不受教的僧人喧譁嬉鬧而過。大師看著窗外，揮手招他們進來聽法，他們大搖大擺地進來，隨隨便便地坐下，絲毫沒有出家人的威儀。

當鳩摩羅什大師指正他們的錯誤時，他們挑釁地問：「請問大師，出家人娶親，算是犯了具足戒二百五十戒的哪一戒？」鳩摩羅什大師一聽，若無其事地笑著，吩咐道：「請準備一盤釘子，端上來。」

「釘子？玩什麼把戲？」那些僧人輕浮不以爲意地笑著。

一會兒，一盤釘子端上來了，放在說法台上。鳩摩羅什大師一樣帶著輕鬆的笑容，道：「這盤釘子，如果你們能若無其事地吞下去，才有資格娶妻生子。」

說完，他拿起一把釘子，向吃花生米一樣，面不改色地嚼一嚼後，吞了下去。在場所有人看到這一幕，都不敢相信地驚叫出聲，奮力地揉著眼睛，想要看得更清楚。當鳩摩羅什大師又吞進一把後，那群僧人立刻跪在地上懺悔，請求大師原諒。

「各位，有一朵青蓮生長在污泥中，你們是應該摘那蓮花，還是取那污泥？」

鳩摩羅什大師將現實環境比喻爲污泥，出污泥而不染的青蓮，即是自己從不退轉的菩提心。他虔誠地希望弟子們能體會到這一層，用智慧來發現眞理，而不被表相所迷惑。

眾人聽到鳩摩羅什大師的開示，都慚愧地低下頭，深自警惕反省。

＊＊＊

西元四一三年（東晉安帝義熙九年），一天，鳩摩羅什大師突然覺得身體很不舒服，幾位外國弟子圍在床前持咒，希望能減緩病情，沒想到持了幾天，卻愈來愈嚴重。

鳩摩羅什大師心知去日已至，於是召來眾弟子，於佛前與大家訣別。

「我罔稱爲師，其實我的德行根本不配稱爲法師，只有慚愧地請各位見諒，希望來生還有機會與大家結緣。若再當一次出家人，我一定會當個好老師、好佛弟子，持戒清淨。

「我在中國一共翻譯了三百多部經典，唯一一部《十誦律》雖已翻完，卻還沒有機會校對，這個工作只有交給各位繼續完成。

「我於佛前發誓，所有翻譯的經文，與原文的意思絕無差失。若我所翻譯的文字眞的一字不差，則荼毘❶之後舌頭不爛，天可爲鑑。」

說到這兒，弟子們不讓他過度勞累，而扶他進去休息。

八月二十日，鳩摩羅什大師圓寂❷。數日之後，大師於逍遙園中火化，果然舌頭不爛，足證他所言句句事實。

他對中國佛教的貢獻，除了經典的傳譯外，更重要的是大乘佛法的傳播，及大乘菩薩精神的弘揚，這一份恩德，是所有漢地子民永誌難忘的。

鳩摩羅什大師一生的寫照，只能用大師親筆提的詩來表白：

心山育明德，流熏萬由延。
哀鸞孤桐上，清音徹九天。

❖註釋❖

❶荼毘：即火葬，源自印度，後流傳於亞洲各地，成為出家人往生後，處理遺體的主要方式。

❷圓寂：生命圓滿地結束，歸於寂靜。常用於敬稱僧人的逝世。

佛學視窗

- 時代背景
- 鳩摩羅什大師的貢獻
- 中國佛教譯經的演變
- 鳩摩羅什大師年表

時代背景

鳩摩羅什大師出生於東晉康帝建元二年（西元三四四年），逝世於後秦弘始十五年（相當於東晉安帝義熙九年，西元四一三年）。此時正是中原五胡十六國的混亂與動盪時期，是中國歷史上漢族與胡人（包括許多外族）接觸最頻繁也是最緊張的時刻。這時期最顯著的時代特質，是中國固有的儒、道兩大系統與佛教文化的對立與調和。此時，道家的清談與佛教般若學非常盛行，而當時的佛學研究又以「格義佛教」爲中心。

格義佛教

「格義佛教」是利用中國儒家或道家既有的思想與術語，來詮釋佛教的義理。比如把佛陀所說的「涅槃」，比喻爲老子所說的「無爲」；將「禪定」的修行，解釋爲道家所稱的「守一」；或將佛教的「眞如」，以「本無」來說明。在當時，著名的佛教學者幾乎都將佛經中的事物與道理，以中國人比較熟

悉的概念與義理加以配對說明。其中最著名的學說有：竺法深提倡「本無義」，以老子所說的無生萬物，也就是以宇宙根本的「無」，來解釋佛教的般若空觀，並說明四大由空而生的理論；支敏度、法蘊解說的「心無義」，認爲佛經上所說的「空」，不是否定萬物的「有」，而是心中對所有一切不要起執著；支道林詮釋的「即色義」，解明各種顏色的表相，如青、黃等，不是顏色本身能成爲顏色，而是我們人給予它名稱。如果我們心中不刻意分別，就不會有青、黃等顏色的好壞與差異，這些均是「格義佛教」的代表。

般若思想

「格義佛教」這種解釋最大的好處是讓一般讀過中國古書的人，能了解並接受佛教的理論。此外，透過與本國文化相似的比擬，使人容易認同。但是，就另一方面來說，由於中國文化與印度文化有不同的文字與思想，所以這種理解佛教的方法，難免與眞正的佛教思想有所出入，甚至有誤解與錯誤的地方。因此，道安法師極力提倡「由佛教以了解佛教」，也就是說，佛教的研究，應該以佛教本身相關典籍來做爲研究的標準，而不應以外來的學說做爲解釋依據。

由於鳩摩羅什大師的翻譯與解說，使當時的人士更能清楚地認知「格義佛教」的缺點與局限性，佛教界也逐漸了解眞正的般若思想。到了僧肇時，終於擺脫格義的方式，以中國的語言正確地詮釋佛教教義，恢復印度佛教的本來面目。

鳩摩羅什大師的貢獻

鳩摩羅什大師是一位博覽大乘義學的當代佛教界領導人，當時的佛教界由於他譯出般若經論，而解決了不同觀點的般若學疑義，使「空」的思想在中國走向正統的大道。又由於《法華經》的譯出，啓發當時的大乘佛教，並養成頗多學者。

後秦弘始三年（西元四〇一年），大師抵達長安，姚興以國師的身分對待

他，從此當地佛教界便有了飛躍性的發展。因爲許多熱中聞法的僧人紛紛越境聚集到長安；大師譯經說法時，也都吸引上千人前來參與，佛教研究盛況空前。

大乘思想

鳩摩羅什大師翻譯的經典，不僅是修正舊譯的校訂本，也答覆道安以來，佛教界人士對般若經典的疑問與關切，爲中國佛教奠定了發展的基礎。

在大師來華以前，中國佛學家對於大小乘的區別一般都不是很清楚，特別是對大乘的性質及主要內容更缺乏認識。大師來華後，譯出了許多經典，並介紹了印度當時盛行的龍樹大乘學說，從此中國的佛教徒可以直接透過般若及中觀的論典了解空宗的思想，印度空宗的思想得以能夠正確地在中國流傳。

鳩摩羅什大師所翻譯的經典，深深影響了中國佛教的發展。如以龍樹的《中論》、《十二門論》及提婆的《百論》爲依歸的三論宗；源於《成實論》的成實宗；促使《法華經》、《維摩經》的研究，並爲本土的天台宗奠定了基礎。

此外，《阿彌陀經》爲淨土宗所依的經論；《彌勒成佛經》促成了彌勒信仰的發達；《坐禪三昧經》的譯出，促成了菩薩禪法的流行；《梵網經》譯出，中國本土得以傳授大乘戒；《十誦律》提供了研究律學的重要依據。

從上可見，鳩摩羅什大師不但爲三論、成實、天台三宗奠定了經典的基礎，也與禪、淨土、律宗有翻譯及思想上的淵源，在中國佛教史上，大師的地位實在太重要了。

名師出高徒

鳩摩羅什大師門下有非常多優秀的僧人弟子，名列僧傳的超過三十五人。其中，在關中有四聖之稱的僧肇、僧叡、道生、道融；加上道恆、曇影、慧觀、慧嚴等，則稱爲八宿；另有僧導、僧嵩、僧業、僧遷、法欽、曇無成等，亦頗爲著名。這些法師都是學問淵博、思想獨到，在當代非常具有影響力的大師級人物。他們不但在北方發揚佛法，更把鳩摩羅什大師所傳的大乘佛教傳播

到中國的南方。

中國佛教譯經的演變

佛法東傳，將經典所記載的佛理向大眾宣說，替人們消除內心的痛苦，是出家人的重要職責。在早期，講經是對不懂外文的華人講解梵文或西域文的佛經，所以講經與翻譯通常是一起舉行。又由於東晉南北朝講辯的風氣非常盛行，所以講解並翻譯經文的當時，在場的每一位都可以發問，而主譯的人則回答問題並解釋疑點。這種譯經說法的方式，與今日的演講討論會頗為相似。

譯經三千人

當時，會場前同時有講經的法師及翻譯人員，翻譯的過程首先是主譯的人以原來的外國語誦讀，再口譯為漢語。由於不限是僧人、居士，道教人士也可以到會場聆聽，因此參與譯場的人往往超過數百人甚至數千人。根據史料記載，鳩摩羅什大師在秦弘始八年（西元四〇六年），於長安大寺翻譯《法華經》，便是集合了兩千多位學者參與的成果。

隋以前譯場的人數之所以非常多，就是因爲把在場的聽眾也算入翻譯助手中，所以歷史上記載鳩摩羅什大師的助手便有三千人之多。然而到了隋唐統一時代，譯場的人數改以菁英制進行，人數通常不超過二十人，每位都是精研佛學或文學的專家，而且都有特定的職務，譯場成了專家的集會所。此外，譯場設有守衛，翻譯時禁絕閒雜人等接近，這種情況下，翻譯的工作更快也更進步了。這主要是爲了減少翻譯上的麻煩，並縮短翻譯時間。如東晉曇摩難提在前秦時翻譯《增壹阿含經》和《中阿含經》，合起來共九十二卷，一共譯了兩年。唐玄奘譯《瑜伽師地論》一百卷，前後僅一年，便是方法改善的最好證明。

盛況不再

佛經翻譯的事業，到了宋朝雖然還有進行，但是北宋仁宗以後漸漸消沉。

到了元朝，便看不到有譯場的存在了。至於近代，佛經的翻譯多屬一個人執筆自行翻譯，幾乎看不到數人合作所翻譯的佛經了，當然也見不到像鳩摩羅什大師當時的翻譯盛況了。

鳩摩羅什大師年表

中國紀元	西元	年齡	鳩摩羅什大師記事	相關大事
東晉康帝建元二年	344	1	誕生於西域龜茲國。	
東晉穆帝永和八年	352	9	師事罽賓國槃頭達多大師。	
永和十一年	355	12	至沙勒國繼續修行。	
東晉哀帝興寧元年	363	20	受具足戒，並隨卑摩羅叉學《十誦律》。	
東晉孝武帝太元九年	384	41	前秦大將呂光滅龜茲國，遭強行擄走。	

太元十年	385	42	隨呂光至涼州，被軟禁於此。	
東晉安帝隆安五年	401	58	受困十六年後，終於至長安，展開譯經大業。	
東晉安帝義熙九年	413	70	於長安共譯出三百餘卷經典，與世長辭。	

國家圖書館出版品預行編目資料

萬世譯經師：鳩摩羅什 / 徐潔著；劉建志繪.--
二版. -- 臺北市：法鼓文化, 2010.08
面； 公分

ISBN 978-957-598-531-8(平裝)

224.515　　　　99011538

萬世譯經師——鳩摩羅什

高僧小說系列精選 17

法鼓文化

著者／徐潔
繪者／劉建志
出版／法鼓文化
總監／釋果賢
總編輯／陳重光
編輯／李金瑛、李書儀
佛學視窗／朱秀容
封面設計／兩隻老虎廣告設計有限公司
內頁美編／小工
地址／臺北市北投區公館路186號5樓
電話／(02)2893-4646　傳真／(02)2896-0731
網址／http://www.ddc.com.tw
E-mail／market@ddc.com.tw
讀者服務專線／(02)2896-1600
初版一刷／1998年2月
二版三刷／2018年12月
建議售價／新臺幣190元
郵撥帳號／50013371
戶名／財團法人法鼓山文教基金會—法鼓文化
北美經銷處／紐約東初禪寺
Chan Meditation Center (New York, USA)
Tel／(718)592-6593　Fax／(718)592-0717